青春文庫

3行レシピでつくる
居酒屋おつまみ

検見﨑聡美

青春出版社

あの居酒屋メニューが簡単に家で作れます！

居酒屋で食べるおつまみが自分でも作れたら……、そんなことを思った人はきっと少なくないでしょう。でも、だいたいの人がそのあとに、難しそう、手間がかかりそう、失敗しそう、一人暮らしだから食べ切れない、と躊躇してしまうことがほとんどでは？

そんな方のために、「簡単！　短時間！　少ない材料！」で作れるおつまみ１０５品を紹介しました。どれもレシピはたったの3行、それだけで居酒屋なみのおいしいおつまみが作れてしまうのです。

たとえばビール好きにはたまらない豚肉のキムチ炒め、ワインによくあうカマンベールのフライ、焼酎におすすめのゴーヤーのおひたし、日本酒がついついすすんでしまうタコわさび、また紹興酒に欠かせないピータン豆富などなど、どれも「本日のおすすめ！」ばかり。また、基本のレシピに加え、アレンジ方法、作り方のコツ、下処理の方法なども併せて紹介しています。

ぜひ、お気に入りのお酒を片手に、自分で作ったおつまみに舌鼓《したつづみ》を打ってみてください。

料理研究家・管理栄養士　検見﨑聡美

◆おしながき

とりあえずの一品

たたきトロロの梅肉和え　18
たたきキュウリの中華風　20
ネギチャーシュー　22
ハクサイの塩こぶ和え　24
キュウリのゆかり漬け　26
キャベツのもみ漬け　28
セロリの明太子和え　30
カブの辛子漬け　32

ゴーヤーのおひたし 34

刺身

タコぽん 38
タコわさび 40
マグロの薬味和え 42
マグロのタルタル 44
アボカドとマグロの和え物 46
カルパッチョ 48
しめサバとキュウリの和え物 50
タコキムチ 52
白身魚のコチュジャン和え 54

焼き物

焼き鳥 58
簡単つくね 60
ささみのわさび焼き 62
牛たたき 64
焼きそら豆 66
厚揚げマヨ焼き 68
鮭マヨ焼き 70
エビのパン粉焼き 72
豚バラ肉のセロリ巻き焼き 74
手羽先ナンプラー 76

サテ 78

揚げ物・炒め物

タコの唐揚げ 82
ちくわの磯辺揚げ 84
レンコンチップス 86
ゴーヤーチャンプルー 88
豚肉の高菜炒め 90
豚肉のキムチ炒め 92
鶏ネギ甘辛炒め 94
ナスのみそ炒め 96
エビマヨ炒め 98

エビのトウチジャン炒め 100
エリンギとアンチョビのソテー 102
きのこのバターソテー 104
トマト炒め 106
タマネギのケチャップ炒め 108
タクアンとモヤシのごま炒め 110

チーズ&ポテト

カマンベールのフライ 114
ジャガイモのチーズ焼き 116
ジャーマンポテト 118
チーズフォンデュ 120

もちチーズ焼き 122
春巻きの皮のピザ 124
タラモサラダ 126
チーズディップ 128
肉ジャガ 130

豆富・納豆料理

豆富の照り焼き 134
豆富のみそ漬け 136
豆富のトマトソース煮 138
薬味いっぱいの冷奴 140
ピータン豆富 142

納豆卵焼き 144
五色納豆 146
納豆いなり 148

小鉢・小皿料理

焼き油揚げの和え物 152
ピーマンじゃこ 154
焼きネギ酢みそ 156
エノキダケの煮びたし 158
シシャモの南蛮漬け 160
エビ春巻き 162
レンコンのきんぴら 164

ゴボウのみそ漬け 166
トマトベーコン 168
ナスのマリネ 170
ナスの薬味酢 172
クレソンナムル 174
焼きアスパラのガドガド風 176
ラタトゥイユ 178
ガーリックトースト 180

とっておきの一品

アサリの酒蒸し 184
ウニ卵 186

キンメの煮つけ 188
ブリの照り焼き 190
サバのみそ煮 192
アクアパッツァ風 194
ビーフストロガノフ 196
ベーコンとダイコンの洋風煮 198
ソーセージのトマト煮 200
豚肉のザーサイ蒸し 202
ニラ玉 204
チヂミ 206
エスニックオムレツ 208
サバのココナッツミルク煮 210

サラダ

しんなりダイコンサラダ　214

トマトチーズサラダ　216

ゴボウサラダ　218

カボチャのサラダ　220

コンビーフのサラダ　222

ツナサラダ　224

卵サラダ　226

タコのサラダ　228

蒸し鶏サラダ　230

トマトの中華風サラダ　232

インゲンのピーナッツ和え 234
牛肉のタイ風サラダ 236
ニンジンのソムタム 238
コールスローサラダ 240

■コラム

買っておくと便利な缶詰、ビン詰 36
揃えておくと便利な調理器具 56
常備しておきたいハーブとスパイス 80
電子レンジ活用法 112
おつまみの下ごしらえ 132
知っておくと損しない調理のコツ 150
調味料にはこだわりたい 182

健康的なおつまみの選び方 212

材料別インデックス 242

料理用語インデックス 254

本書をお使いいただく前に

・表記してある材料はすべて作りやすい分量です。
・大さじ１は15cc、小さじ１は５ccとなっています。
・小さじ¼未満の調味料は「少々」としました。表記のないものは好みで加減してください。

カバーイラスト　松本よしえ
本文イラスト　佐久間広巳
デザイン・ＤＴＰ　ティープロセス
制作　新井イッセー事務所

とりあえずの一品

お通し感覚でいただく、野菜中心のあっさりしたおつまみ。切って和えるだけと、作り方もいたってシンプル。

和風

たたきトロロの梅肉和え

梅の香りと長イモのシャリシャリ感で一杯

①長イモは皮をむいて酢水に10分つけて、ぬめりを洗い水気を拭く。

②長イモをビニール袋に入れてビンなどでたたきつぶし、ボウルにあける。

③梅肉ペースト大さじ1、しょう油、砂糖各少々をボウルに加え和える。

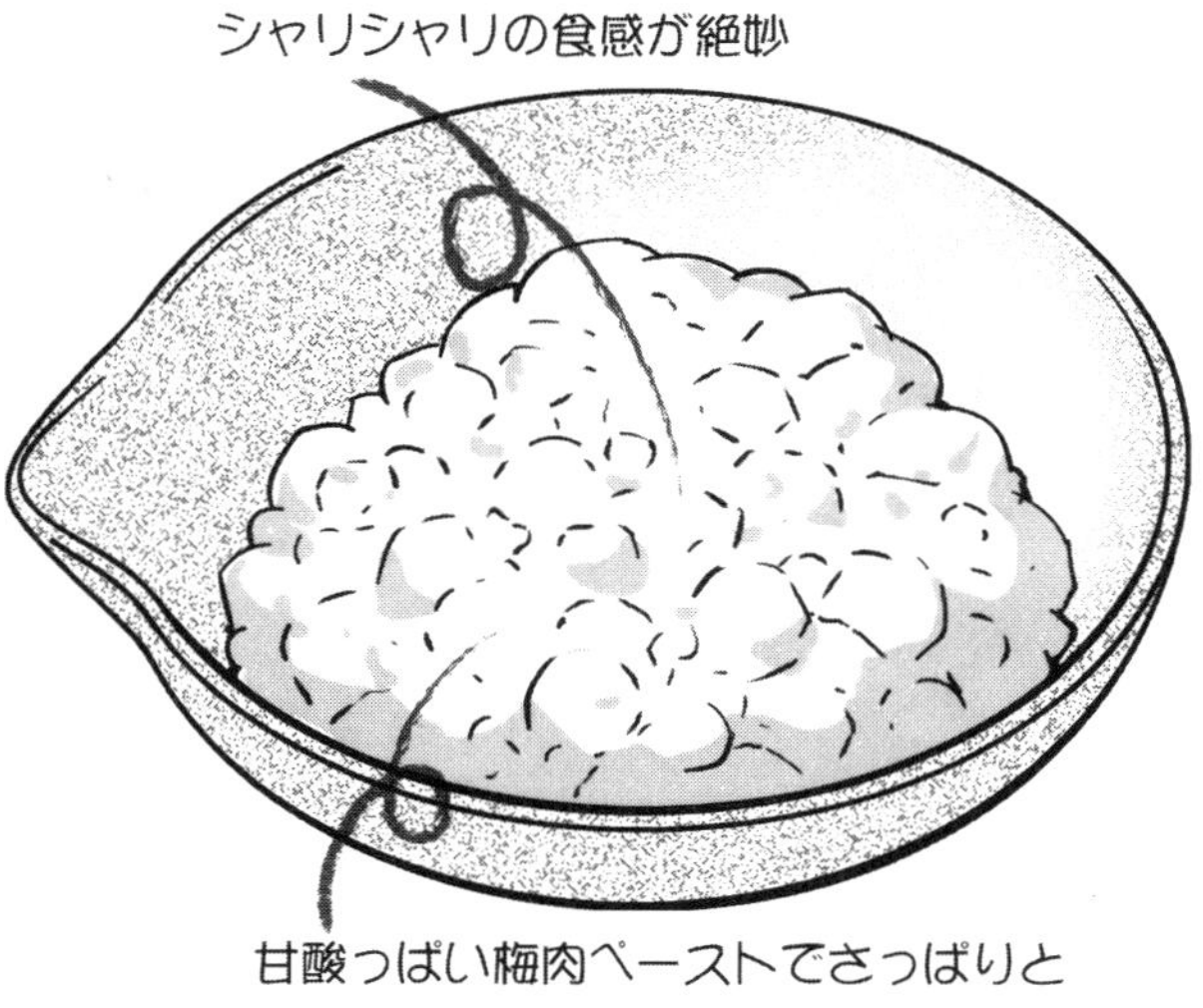
シャリシャリの食感が絶妙
甘酸っぱい梅肉ペーストでさっぱりと

アレンジ

おかかや青のりをふりかけてもおいしい。とくに青のりをかけると、見た目もグッと鮮やかになるし、香りもアップ。

ここはこうする!

長イモは水1カップに酢大さじ1を入れた酢水に10分つけておく。しばらくすると水面にぬめりが浮いてくる。酢水につけると変色防止にもなる。

中華

たたきキュウリの中華風

豆板醤とニンニクがガツンときいた漬け物

① キュウリ1本はビンでたたいて割れ目を入れ、手で割りほぐす。

② オイスターソース大さじ1、酢大さじ2、ごま油、こしょう、豆板醤《とうばんじゃん》、おろしニンニク各少々を混ぜる。

③ キュウリと②を混ぜ、しんなりするまでおく。

キュウリは割れ目を入れてタレを中までしみこませる

アレンジ

セロリ、カブでも同じようにできる。いずれもしんなりするまでおいて味をしみこませる。

ここはこうする!

キュウリをたたくときは思いきりバシバシたたいてしまうと割れてしまうので、上からキュウリを押すようにすると割れ目がきれいに入る。

中華

ネギチャーシュー

焼き豚にひと手間かけて居酒屋風のおつまみに

① 焼き豚3枚は細切りにする。

② 長ネギ1/2本は斜め薄切りにして水にさらす。

③ 細切りにした焼き豚と②を合わせ、ごま油、塩、こしょう各少々と一緒にさっと混ぜ合わせる。

ネギはたっぷりめのほうがおいしい
細切りが面倒なら焼き豚はスライスのまま並べてもいい

アレンジ

ネギの代わりにスライスしたタマネギやキュウリでもおいしい。野菜をいっぱい使って、日ごろ不足しがちなビタミン補給を。

もう ひと手間!

ちぎったレタス、細切りにしたキュウリ、ざく切りにしたミズナを水気をよくきって加えると、ボリュームたっぷりのサラダになる。

和風

ハクサイの塩こぶ和え

ハクサイにしみこんだ昆布の旨味がたまらない

① ハクサイ1～2枚は細切りにする。

② ハクサイと塩こぶを和える。

③ そのまましばらくおけばできあがり。

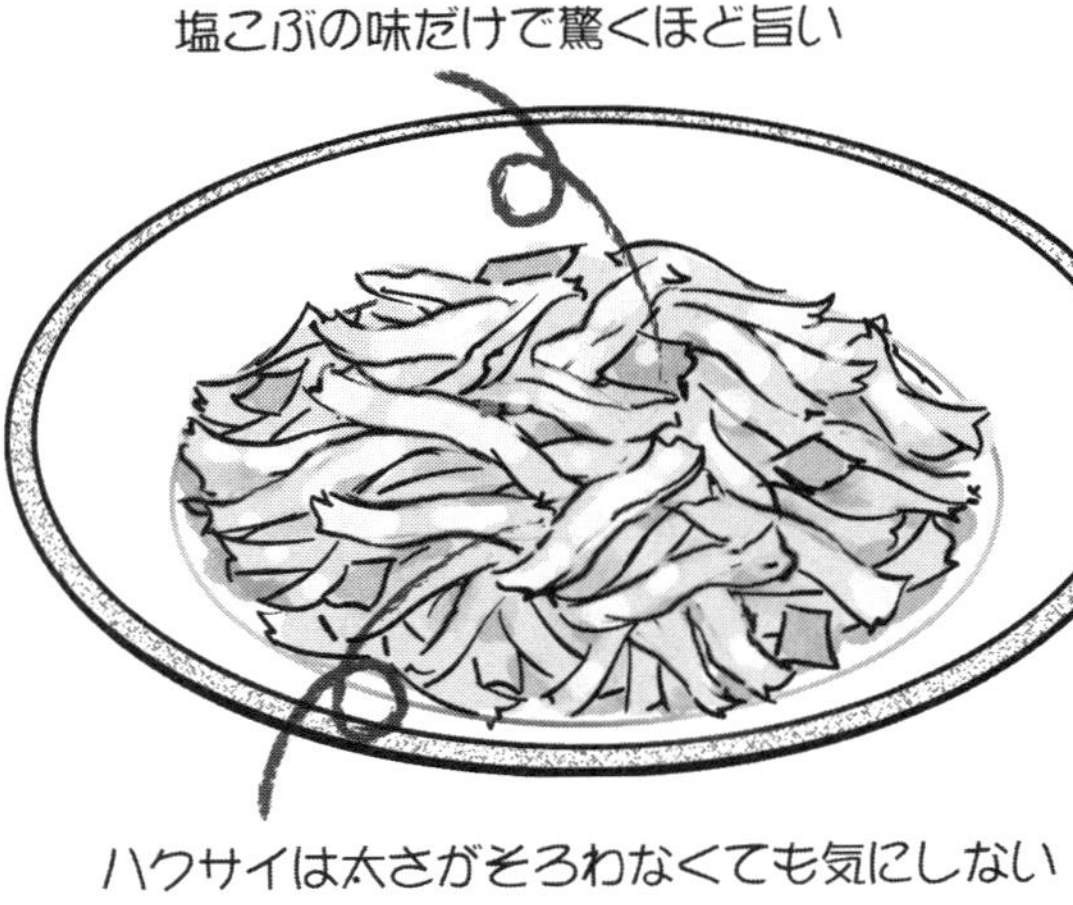
塩こぶの味だけで驚くほど旨い
ハクサイは太さがそろわなくても気にしない

アレンジ

好みでごま油を数滴混ぜると、また風味の違う一品に。ごま油の芳醇な香りがただよい、いっそう食欲をそそる。

もう ひと手間!

さっぱりしたものが食べたいときには塩こぶだけでいいが、さらにマヨネーズで和えればクリーミーな仕上がりになる。

和風

キュウリのゆかり漬け

ササッと作れて抜群においしい酒の肴

①キュウリ1本は長さ4センチに切り、さらにたてに4つに切る。

②キュウリをボウルに入れてゆかり小さじ1をまぶす。

③少しおいて味をなじませる。

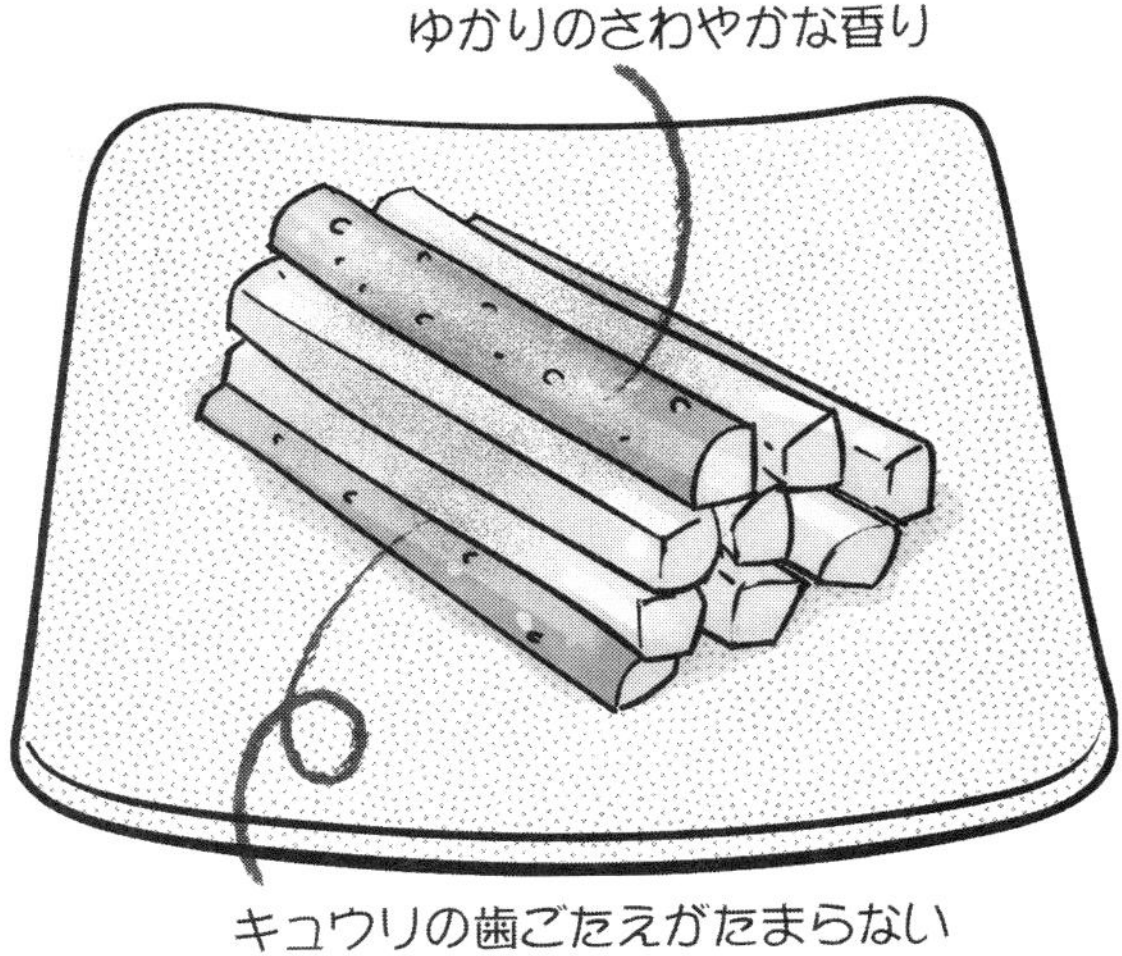
ゆかりのさわやかな香り
キュウリの歯ごたえがたまらない

アレンジ

キュウリの代わりに細切りにしたダイコンでもよい。薄く切るとしんなりとして味がよくしみ、厚みをもたせて切ると歯ごたえも楽しむことができる。

もう ひと手間!

ごま油をひいたフライパンでキュウリのゆかり漬けと豚こま切れ肉少々を一緒に炒めると、ボリュームのあるおつまみに。油で炒めてもさっぱりとしている。

アジア

キャベツのもみ漬け

ナンプラーを使ったエスニックな漬け物

①キャベツ2枚はひと口大にちぎる。

②ショウガ、ニンニク、ネギのせん切り各少々をキャベツに混ぜる。

③②にナンプラー大さじ1をふって手でもんでしんなりさせる。

ショウガ、ニンニク、ネギの香りがアクセント
キュッキュッと手でもんで味をなじませる

アレンジ

キャベツの代わりにハクサイやレタスを使ってもいい。冷蔵庫に残っている野菜で、いろいろアレンジしてみよう。

もう ひと手間!

冷しゃぶサラダ風にするとボリュームアップ。しゃぶしゃぶ用の豚肉や薄切り牛肉を熱湯でゆで、キャベツのもみ漬けと混ぜるだけ。

和風

セロリの明太子和え

セロリ独特の風味と明太子の辛味がみごとにマッチ

① セロリ1本は斜め薄切りにする。

② 明太子1/2腹は薄皮を取り除いてほぐす。

③ セロリと明太子を混ぜ合わせ、みりん、ごま油各少々で和える。

セロリのシャキシャキッとした食感が絶品
さりげなくきいているごま油の香り

アレンジ

セロリの代わりにキュウリを使っても。また、マヨネーズ少々を加えてもおいしい。

ここはこうする!

明太子は包丁で切れ目を入れスプーンでかき出すと簡単。

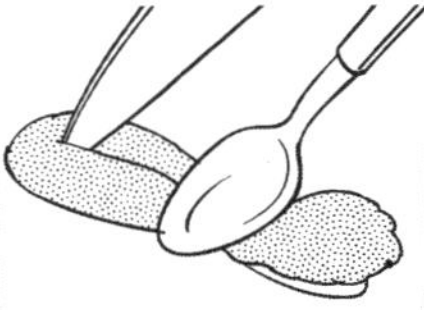

和風

カブの辛子漬け

ピリリと辛味のきいた漬け物が酒にほどよく合う

① カブ1個はたて半分に切ってから5ミリ幅に切る。

② しょう油大さじ2、みりん小さじ1、練り辛子小さじ1を合わせる。

③ ②にカブを漬け、しんなりするまでおく。

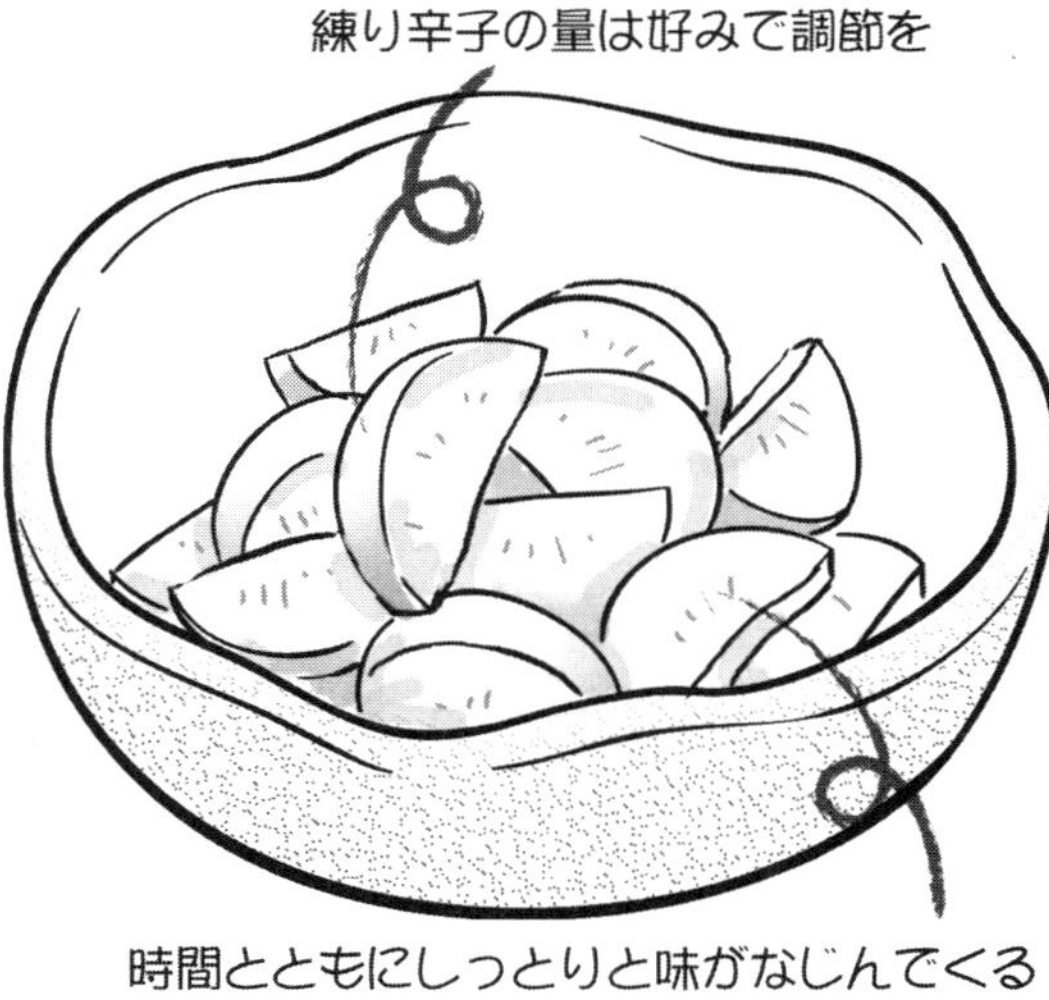
練り辛子の量は好みで調節を
時間とともにしっとりと味がなじんでくる

アレンジ

カブだけでなく、セロリやニンジンでもOK。どちらも長さ4～5cmに切ってから薄切りにし、タレに漬ける。

もうひと手間!

カブの辛子漬けに細かく刻んだ納豆（またはひきわり納豆）を混ぜてもおいしい。好みで添付されているタレを入れてもいい。

和風

ゴーヤーのおひたし

夏の晩酌はゴーヤーの苦味を存分に味わう

① ゴーヤー$\frac{1}{2}$本はたて半分に切ってスプーンで種とわたを取り除く。

② ゴーヤーを薄切りにし、熱湯でさっとゆでて冷水にとる。

③ ゴーヤーの水気をきって、しょう油またはポン酢しょう油をかける。

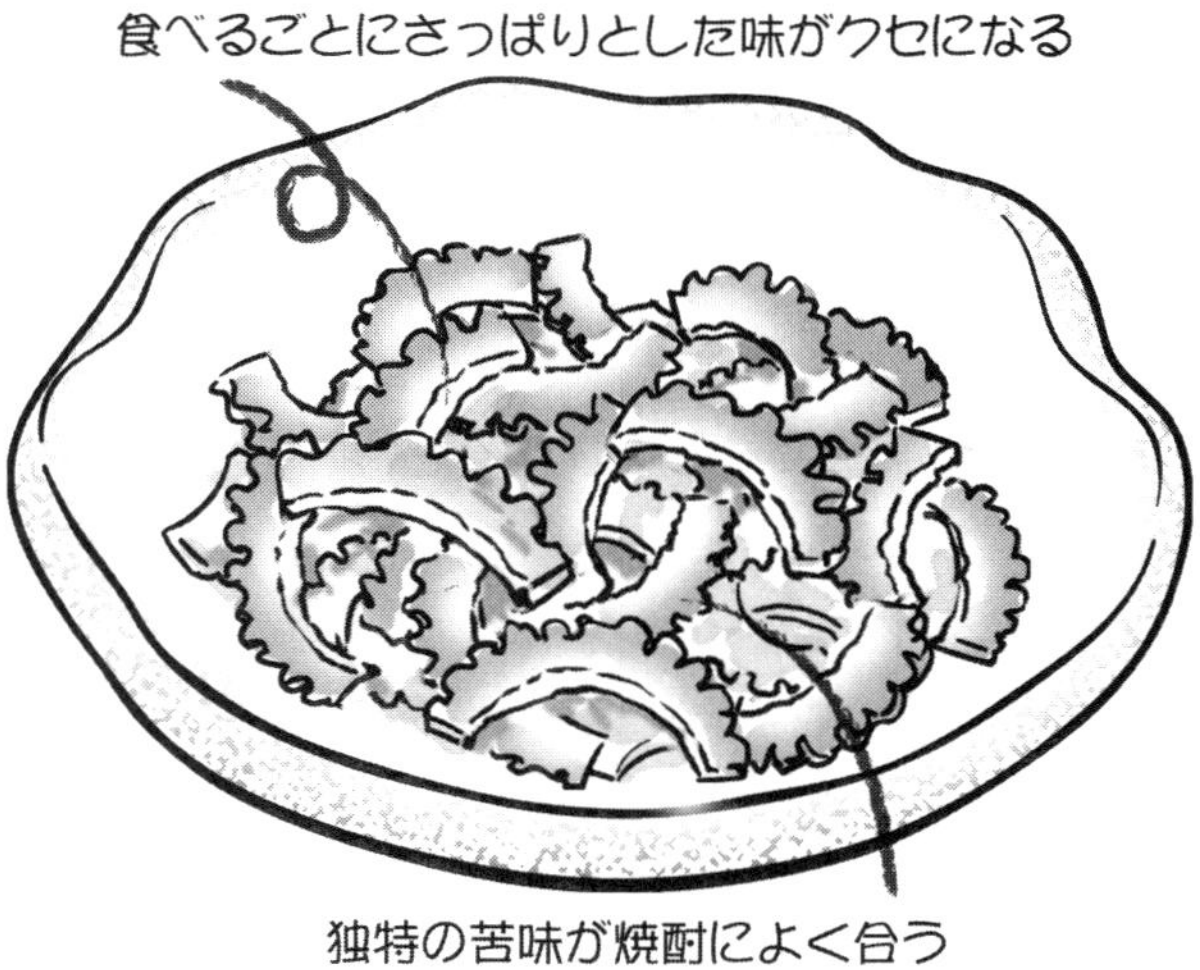
食べるごとにさっぱりとした味がクセになる
独特の苦味が焼酎によく合う

アレンジ

おかかやごまをかけると、風味がアップする。とくにおかかはゴーヤーの苦味と相性がよく、独特の旨味が生まれる。

ここはこうする!

ゴーヤーの苦味をとるためには、きれいにわたを取る。

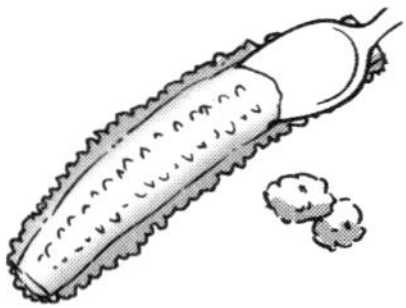

■買っておくと便利な缶詰、ビン詰

ストックしておくと「いざ」というとき頼りになる

夜、クタクタになって帰宅したものの、冷蔵庫の中は残り物や使い残した野菜など中途半端なものばかり。そんなとき、頼りになるのが缶詰やビン詰、そしてフリーズドライ。これらは日持ちするので、休みの日にまとめて買っておくと便利。簡単な調理で豪華なおつまみができあがる。

●缶詰…ツナ缶、コンビーフ缶（マヨネーズであえてサラダに、さらにチーズをのせて焼けばグラタン風に）、トマトの水煮缶（肉や魚をさっと煮てトマト煮に）、アサリのむき身（炒め物に）、コーン缶（サラダ、炒め物、煮物に）

●ビン詰…オリーブ（サラダのトッピングに）、ウニ（卵焼きに混ぜて）

●乾燥物…フリーズドライのネギの小口切り、パック入りかつおぶし（冷奴などのトッピングに）、乾燥ワカメ（水でもどしてサラダやつけ合わせに）

●顆粒だし…かつおだし、チキンブイヨン、鶏がらスープの顆粒（またはキューブ）をそろえておくと、手軽に和風・洋風・中華風の味つけができる。煮物だけでなく炒め物にも少し入れるだけで、ぐっと本格的な味になる。

刺身

そのまま食べることの多い刺身も、ひと手間かければ居酒屋風のおしゃれなおつまみに変身。火を使わないところも魅力的。

和風

タコぽん

ポン酢しょう油でさっぱりいただく

① ゆでダコの足2本をぶつ切りにする。

② キュウリ1/2本は薄切りにする。

③ ①と②をポン酢しょう油大さじ2で和える。

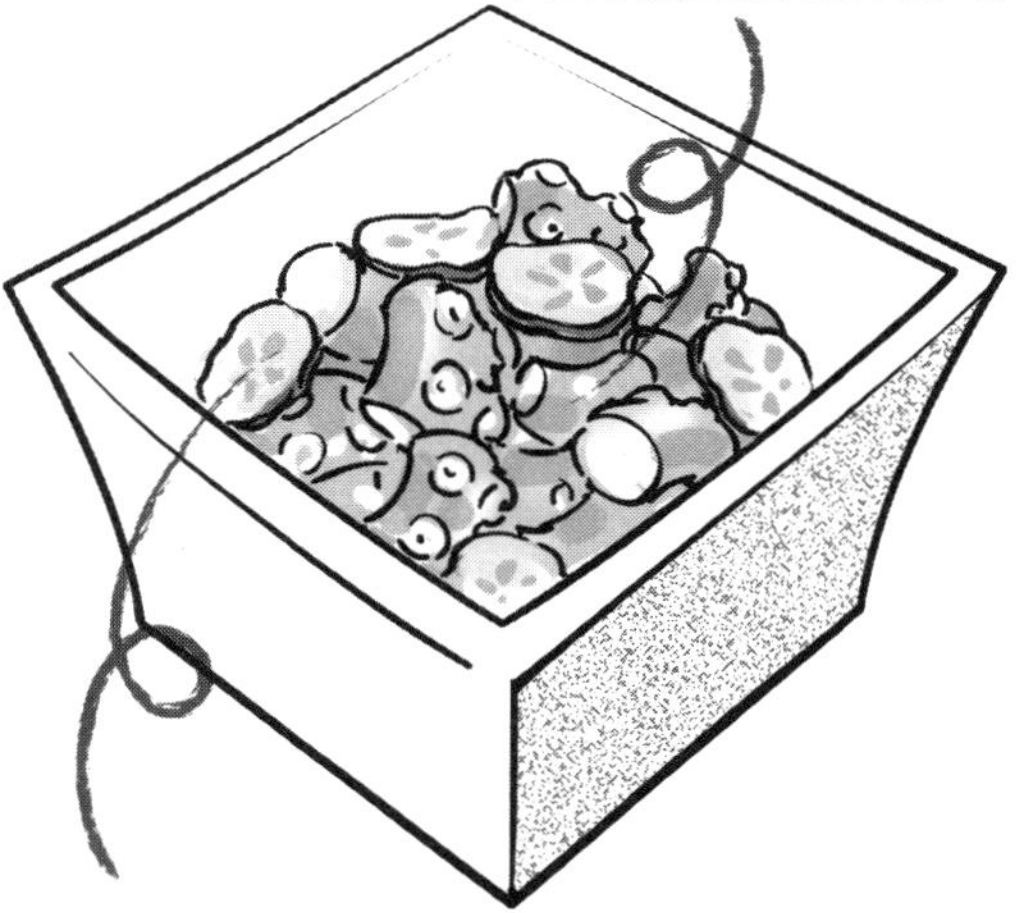
タコの歯ごたえがたまらない
赤色と緑色が見た目にも鮮やか

アレンジ

キュウリの代わりに薄切りにしたタマネギやカイワレを使ってもおいしい。ピリッと少し刺激的な味が、淡白なタコによく合う。

ここはこうする!

ぶつ切りとは端から2～3センチに切っていくこと。

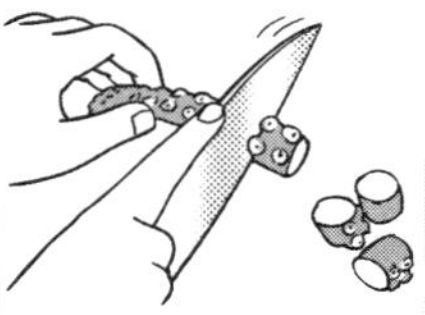

和風

タコわさび

わさび漬けの香りで酒がすすむ

①ゆでダコの足2本はぶつ切りにする。

②わさび漬けにしょうゆ油を2～3滴落として混ぜる。

③ゆでダコを②で和える。

わさびの香りがツーンとくる
タコは噛むほどに旨味が出る

アレンジ

タコの代わりにイカの刺身、ぶつ切りにしたちくわ、細切りにしたさつま揚げでもOK。

もうひと手間!

タコを細かく切ってわさび漬けと一緒に混ぜ、斜め薄切りにしたキュウリにのせると、歯ごたえのあるおつまみに。

和風

マグロの薬味和え

薬味ダレの風味が広がる赤身の刺身

①長ネギ10センチは小口切り、ショウガ1片はみじん切り、青ジソ5枚は小さくちぎる。

②しょう油、酒各大さじ1に①の薬味を混ぜてタレを作る。

③タレでマグロの赤身の刺身1人分を和える。

長ネギと青ジソのすがすがしい香り
シンプルなタレがマグロにぴったり

アレンジ

薬味はミョウガや万能ネギ、ニンニクでもOK。冷蔵庫にあるもの、スーパーで安売りしているものをなんでも上手に使おう。

ここはこうする!

小口切りとは端から2～3ミリの厚さに切っていくこと。

洋風

マグロのタルタル

オリーブオイルでマグロの刺身が洋風おつまみに

① マグロの刺身1人分を、包丁でミンチ状にたたく。

② オリーブオイル大さじ1/2、こしょう少々をボウルに混ぜておく。

③ ボウルにマグロを入れてざっと混ぜる。

フレッシュなオリーブオイルの香りに思わず酒もすすむ

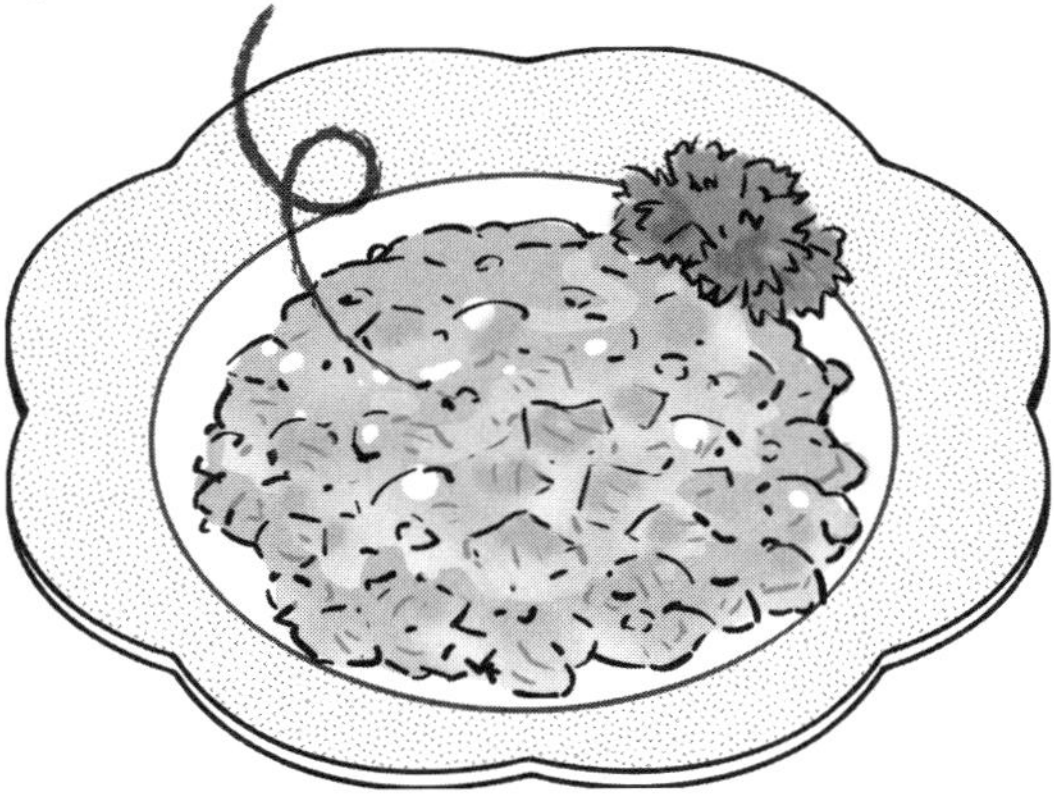

アレンジ

薄く切ってトーストしたバゲットにのせればパーティー風。カリカリのバゲットと、トロリとしたタルタルの食感が同時に楽しめる。

もうひと手間!

トマト½個、パセリ、ピクルス、オリーブのみじん切り、パルメザンチーズ各小さじ１を一緒に混ぜると本格的なタルタルのできあがり。

洋風

アボカドとマグロの和え物

ねっとりとしたアボカドとマグロから生まれる絶妙の一品

① アボカド1個は1センチ角に切り、レモン汁をふりかける。

② マグロの刺身1人分を1センチ角に切り、アボカドと混ぜる。

③ ②をごま油、しょう油各小さじ1、こしょう、おろしニンニク、ごま各少々で和える。

アボカドは皮が黒い完熟のものを選ぶ
味も食感も「似たものどうし」のカップリングが楽しい

アレンジ

マグロの代わりにイカやホタテの貝柱の刺身でもおいしい。アボカドはしょう油と相性がいいので、和風料理にもアレンジしやすい。

ここはこうする!

種は包丁の根元のとがった部分を刺してひねると取れる。

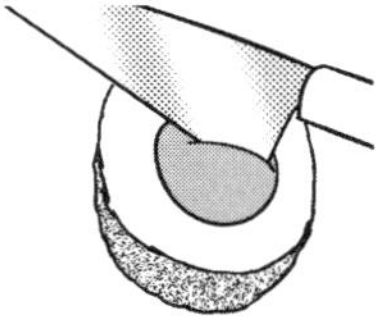

洋風

カルパッチョ

ワインやビールには即席カルパッチョをどうぞ

①　1人分の刺身を平らな皿に並べて冷蔵庫で冷やす。

②　オリーブオイル大さじ1で、みじん切りにしたニンニク1片を弱火でこんがりするまで炒める。

③　②を刺身にかけ、塩をふる。

刺身は1枚ずつバランスよく並べる
ニンニクとオリーブオイルがいい香り

アレンジ

オリーブオイルをごま油にして、仕上げに長ネギのみじん切りをのせれば中華風のカルパッチョに変身する。

もう ひと手間!

刺身はできればタイやヒラメ、スズキなど白身魚のほうがオリーブオイルの香りが引き立つ。みじん切りにしたアサツキや長ネギをちらすと風味が増す。

和風

しめサバとキュウリの和え物

ついつい手が出る、さっぱり系のおつまみ

① しめサバ1人分を5ミリ幅に切る。
② キュウリ1/2本は斜め薄切りにする。
③ しめサバとキュウリを、わさびじょう油で和える。

わさびの香りが、ほのかな刺激に
キュウリの歯触りがアクセント

アレンジ

キュウリの代わりにセロリの斜め薄切りを入れると、独特の風味と歯ごたえとなり、趣向の違う一品になる。

もう ひと手間!

残ったしめサバは、油を薄くひいたフライパンでこんがりと焼いて、わさびを添えてもおいしい。ひと味違ったしめサバが味わえる。

アジア

タコキムチ

キムチのピリ辛でタコをおいしく

① ゆでダコの足2本をぶつ切りにする。

② タコの足をキムチのタレ大さじ2で和える。

③ 長ネギのみじん切りを混ぜてできあがり。

キムチの辛さに酒がすすむ
シコシコしたタコの食感がたまらない

アレンジ

長ネギの代わりにキュウリのぶつ切りや、１センチ角に切ったダイコンを和えてみてもおいしい。

もうひと手間！

キムチのタレだけでなく、ハクサイキムチも粗く刻んで軽く絞ってから一緒に混ぜると、キムチの味がじわりとしみ出てより旨味が増す。

アジア

白身魚のコチュジャン和え

辛子みそが引き出す刺身の新鮮な食感

①白身魚の刺身1人分を4～5ミリ幅に切る。

②刺身をごま油、コチュジャン、しょう油各少々で和える。

③レタスなどの生野菜をしいた上に②を盛りつける。

ごま油で風味をプラス
タレがしみこんだレタスもおいしい

アレンジ

魚だけでなく、タコやイカの刺身を使ってもおいしい。横に海藻をちょっとあしらうと、お店で食べるような盛りつけになる。

もうひと手間!

刺身と調味料を和えるときに、ネギやニンニクなど香りの強いものをみじん切りにして加えると、さらに風味が増す。

■揃えておくと便利な調理器具

調理器具の必須アイテムはこれだ！

パッとおつまみを作るときに、ぜひ揃えておきたい調理器具がある。一見面倒くさそうに見える料理も、これらがあれば簡単に作ることができる。

●ピーラー…皮むきだけでなく、野菜の薄切りやスジ取りに。

●キッチンばさみ…包丁では切りにくい鶏肉の皮も、はさみなら一発。ネギの小口切りも少量ならはさみでＯＫ。

●フライパン…手入れの簡単なフッ素樹脂加工のものがおすすめ。ちょっと深めを選べば、揚げ物や煮物もできて便利。

●ペーパータオル…野菜の水気をふいたり、豆腐の水きりに。

●木べら…フッ素樹脂加工のフライパンには木べらが鉄則。炒め物はもちろん、煮物を混ぜ返すときも大活躍。

●ボウル、バット…深めの皿で代用できなくはないが、卵をほぐすときや汁に浸すとき、揚げ衣をつけるときに便利。

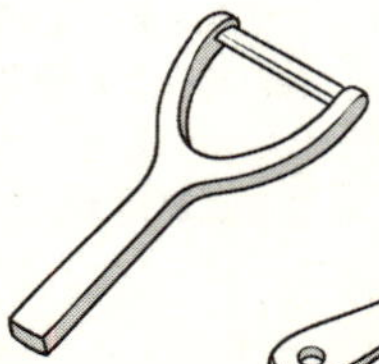

ピーラー

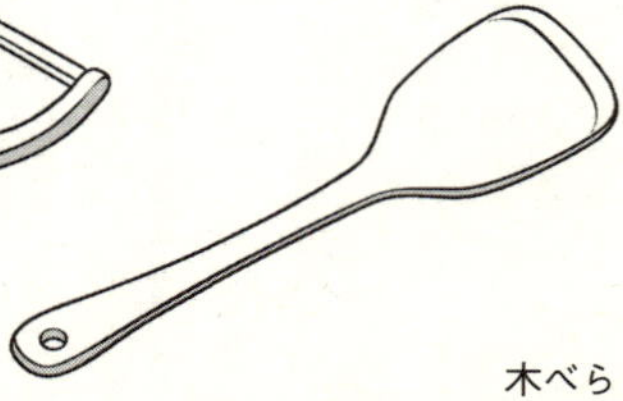

木べら

焼き物

フライパンやオーブントースターを使って作る簡単焼き物。こんがりとついた焼き色で、お酒も箸もついついすすむ。

和風

焼き鳥

これがなくちゃ始まらない！の一品

① 鶏もも肉１００グラムはひと口大、長ネギ1本は2センチ長さに切る。

② しょう油大さじ2、みりん、砂糖各大さじ1を合わせてタレを作る。

③ 竹串に鶏肉と長ネギを交互に刺し、タレを塗ってフライパンで焼く。

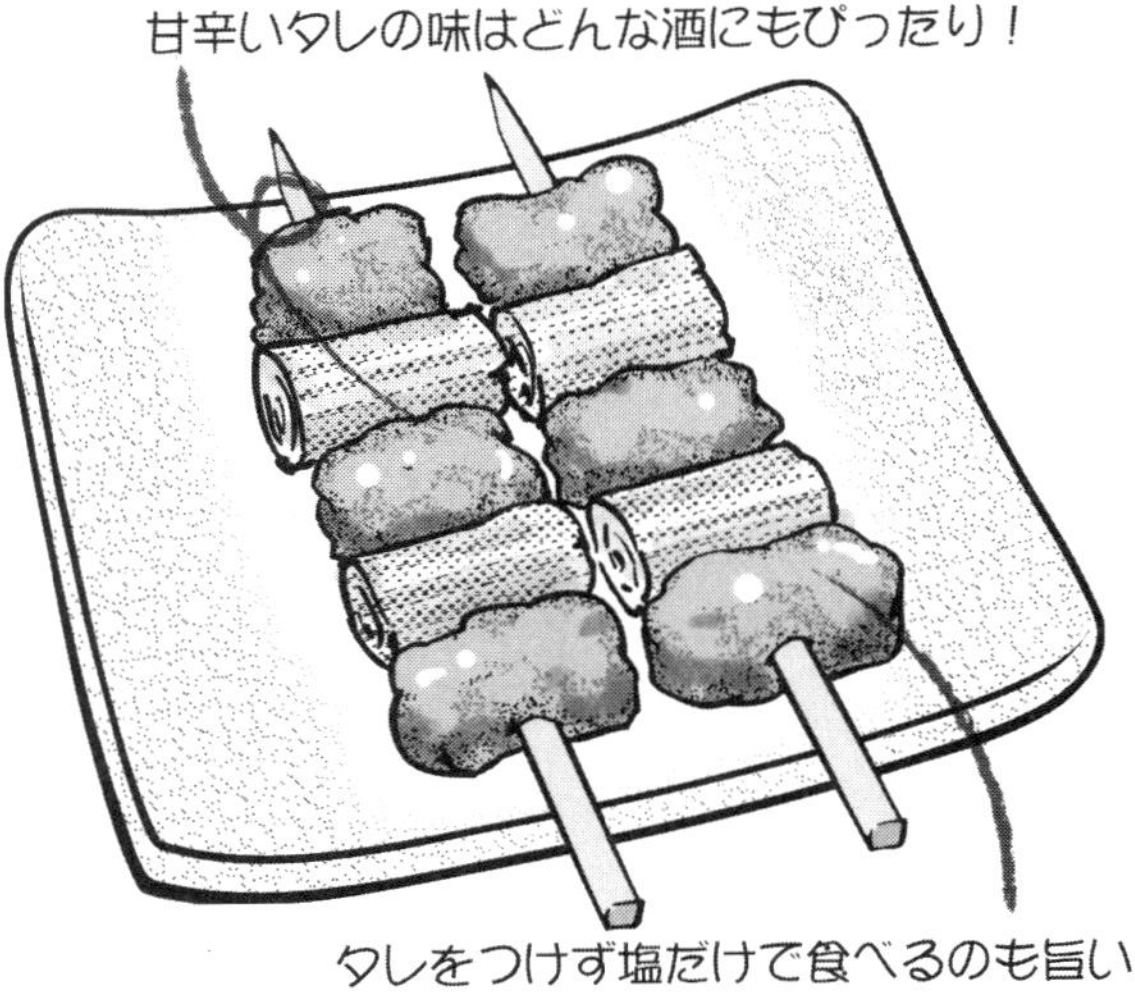
甘辛いタレの味はどんな酒にもぴったり！
タレをつけず塩だけで食べるのも旨い

アレンジ

タレにみそを混ぜてみそダレにしてもおいしい。いつものしょう油ダレでも塩でもない、ちょっと変わったみそダレで新しい焼き鳥の味を楽しもう。

ここはこうする!

鶏肉と長ネギを同じ串に刺して焼くと火が通る時間が違うので、焦げて失敗しがち。最初は鶏肉と長ネギは別々に焼いて、あとで１本の串に刺すとうまくいく。

和風

簡単つくね

あっという間にできて、すこぶる旨い

①鶏ひき肉100グラムに酒大さじ1、塩少々、長ネギ5センチ分のみじん切りを混ぜてよく練る。

②ハンバーグのような小判型に形をととのえる。

③油をひいたフライパンで両面をこんがりと焼く。

小判型にして焼くと串に通すより簡単

しょう油とみりんでタレを作れば本格的

アレンジ

焼きあがりにしょう油とみりん各大さじ1を入れてからめると甘辛風味に。

もうひと手間!

鶏ひき肉に調味料を混ぜたら、小さめに丸めて平たくし、竹串に刺す。アルミホイルに並べてオーブントースターで焼くと本格的な串焼きつくねになる。

和風

ささみのわさび焼き

鶏肉のシンプルなおいしさが酒の味を引き立てる

① 鶏ささみ肉はコップの底で軽くたたいて7〜8ミリの厚さに伸ばす。

② 酒、塩各少々をふってオーブントースターで5〜6分焼いて火を通す。

③ 表面にわさび少々を塗り、もう一度乾かす程度に焼く。

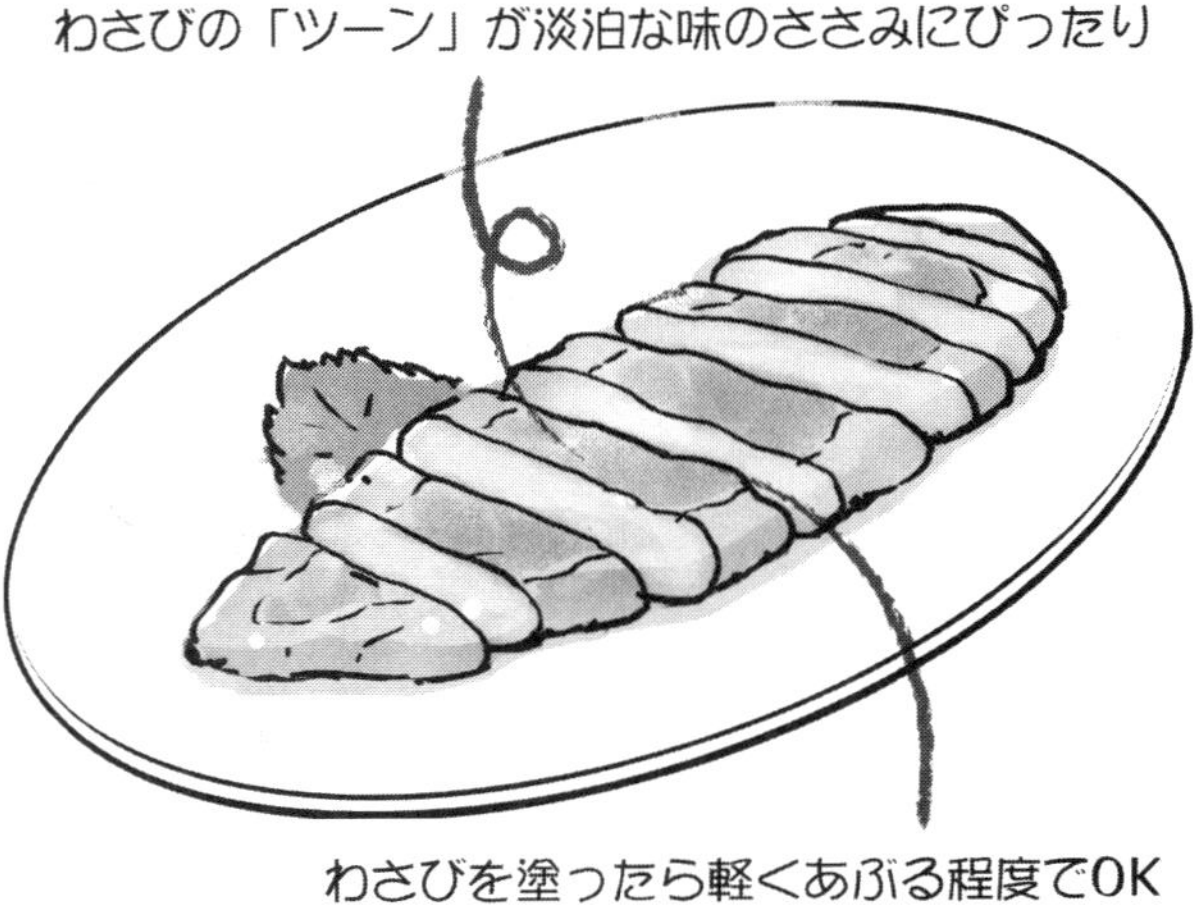
わさびの「ツーン」が淡泊な味のささみにぴったり
わさびを塗ったら軽くあぶる程度でOK

アレンジ

わさびの代わりに粒マスタードを塗ると洋風のおつまみになる。ビールのおともにぴったりだ。

ここはこうする!

鶏ささみ肉を伸ばすときは、肉をラップで包んでからコップの底でたたくとコップもまな板も汚れることがない。

和風

牛たたき

ステーキ用肉で作るゴージャスな一品

① 牛ステーキ肉1枚に塩、こしょうをふる。

② サラダ油を熱したフライパンで、①の表面をこんがりと焼く。

③ 牛ステーキ肉をまな板にとり、そぎ切りにして、わさびじょうゆを添える。

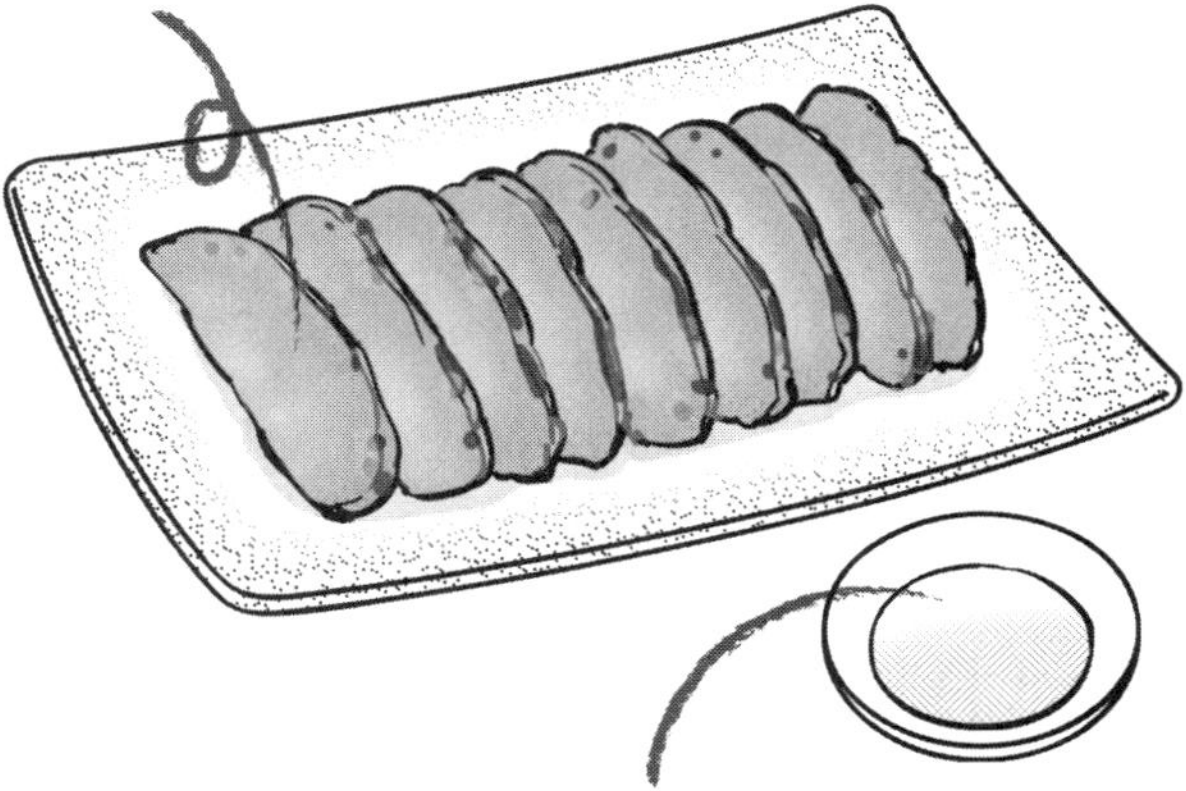
焼きすぎは厳禁。レアで火を止め手早くまな板へ
シンプルにわさびじょう油が一番

アレンジ

オリーブオイルをかけて、塩、こしょうをふると、カルパッチョ風に。平らな皿に、できるだけきれいに並べると本格的になる。

もうひと手間！

スライスしたタマネギやカイワレに牛たたきをのせてサラダ風にすると、野菜もたっぷり食べられる。さっぱりとした味で酒も箸もついついすすむ。

和風

焼きそら豆

そら豆のシンプルな味を焼いて味わう

① そら豆はサヤつきのままオーブントースターに入れる。

② サヤに焦げ色がつくまで焼く。

③ 食べるときはそら豆をサヤから出し、塩をつける。

初夏にぜひ食べたい一品
塩をつけて食べるのがもっとも美味

アレンジ

まずは焼きたてに塩をふってそら豆本来の味を楽しみたい。次にマヨネーズやみそをつけて食べてみよう。

ここはこうする!

そら豆は黒く焦げるくらいサヤを焼かないと、豆の中まで火が通らない。サヤがまっ黒になっても中の豆は焦げないので安心して。

和風

厚揚げマヨ焼き

焼き色のついたマヨネーズが極上のソースに

①厚揚げは1センチ幅に切り、切り口を上にしてアルミホイルにのせる。

②塩、こしょうを各少々ふり、マヨネーズを塗る。

③オーブントースターで7～8分、こんがりするまで焼く。

外はカリッと、中はふんわり
マヨネーズは焼くと酸味がやわらいでクリーミーに

アレンジ

溶けるタイプのチーズをかけて焼くとピザ風に。このときバジルやオレガノをふって焼くと、本格的なピザの香りが楽しめる。

もうひと手間!

マヨネーズにみじん切りにした長ネギやニンニク、ショウガを混ぜると、より風味がよくなる。仕上げにみじん切りのアサツキやパセリをちらすとよい。

和風

鮭マヨ焼き

マヨネーズとザーサイの意外なコンビで絶品の肴

①みじん切りにしたザーサイ大さじ1とマヨネーズ大さじ2、おろしニンニク少々を混ぜる。

②甘塩鮭1切れをアルミホイルにのせオーブントースターで5〜6分焼く。

③鮭のほぼ全体に火が通ったら、①をのせてさらに5〜6分焼く。

ザーサイのしょっぱさがちょうどいい
焼いたマヨネーズがまろやかなソースに

アレンジ

ザーサイの代わりにラッキョウ、タクアンのみじん切りを使ってもおいしい。漬け物風味の変わったソースだが、意外なほど鮭と合い、歯ごたえも楽しい。

もう ひと手間!

鮭の皮を取ってひと口大に切って作ると食べやすい。トマトの輪切り、青ジソをしいた上に並べると華やかになり、パーティー向きのおつまみになる。

洋風

エビのパン粉焼き

オリーブオイルの香りをきかせておしゃれなオードブル風に

① アルミホイルに、甘エビ8尾を並べる。

② ①に塩、こしょう、パセリのみじん切り、パン粉、粉チーズ各少々、オリーブオイル大さじ1をかける。

③ オーブントースターで10分、こんがりするまで焼く。

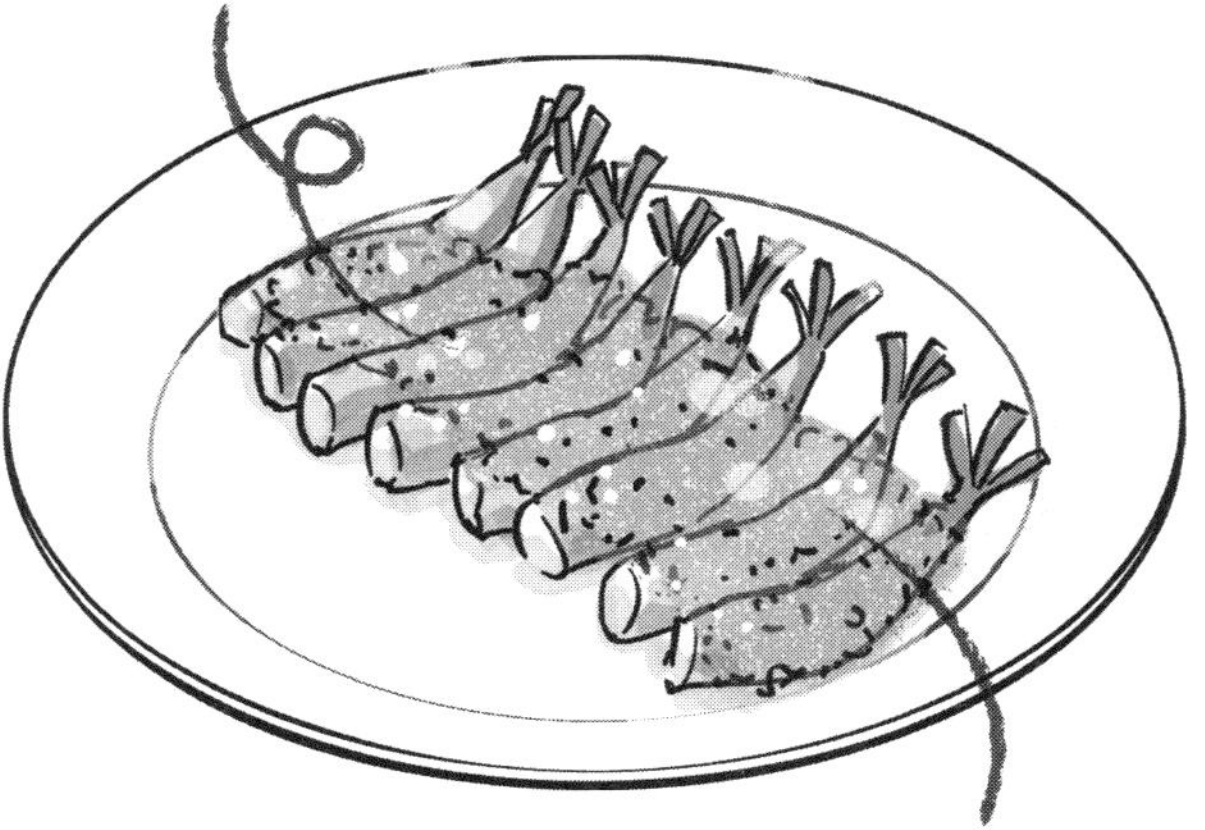
甘エビはきっちり並べると見ばえがいい
粉チーズとパン粉で香ばしさをプラス

アレンジ

甘エビの代わりに、鶏ささみ肉１本をそぎ切りにしても同じように作ることができる。

もう ひと手間！

オレガノ、バジルなどのハーブのみじん切りがあれば、いっそう香りがよくなりおいしい。

和風

豚バラ肉のセロリ巻き焼き

カリカリに焼いたバラ肉とセロリの食感で酒がすすむ

① セロリ1/2本を7～8ミリ角のスティック状に切り、豚バラ肉で巻く。

② ①を熱したフライパンで転がしながら、カリカリになるまで焼く。

③ 塩、こしょうで味をつける。

カリカリのバラ肉は歯ごたえがいい
セロリのすがすがしい香りが食欲をそそる

アレンジ

セロリを巻くときに青ジソも一緒に巻いて、爽やかな香りをプラス。パクッとかじったときにシソの香りがただよい、ちょっと豪華な気分になる。

もうひと手間！

豚バラ肉のジューシーな旨味が味わえる一品だが、さっぱりと食べたいときにはダイコンおろしとポン酢しょう油を添えると、おいしくいただける。

アジア

手羽先ナンプラー

カリカリの手羽先をナンプラーの風味で

① 手羽先4本はフライパンにサラダ油大さじ2をひき、中火で焼く。

② 焼き色がついてカリカリになったら皿にとる。

③ 手羽先が熱いうちにナンプラー大さじ1をかける。

アツアツのところにナンプラーをジュッとかけよう
手で持って豪快にかぶりついて

アレンジ

食べるときにレモンをギュッと絞って酸味をたしたり、おろしニンニクを添えて風味をプラスすると、よりエスニック風になる。

もうひと手間!

ナスやズッキーニの輪切りも手羽先と一緒に焼いて添えるとよい。野菜に手羽先の風味がよくしみこんでおいしい。

アジア

サテ

クリーミーなタレをきかせたエスニック風串焼きで乾杯

①ボウルに焼肉のタレ大さじ3、ヨーグルト大さじ2、カレー粉少々を混ぜる。

②豚または牛のこま切れ肉200グラムを①に入れてもみこむ。

③②を竹串に刺して網でこんがり焼く。

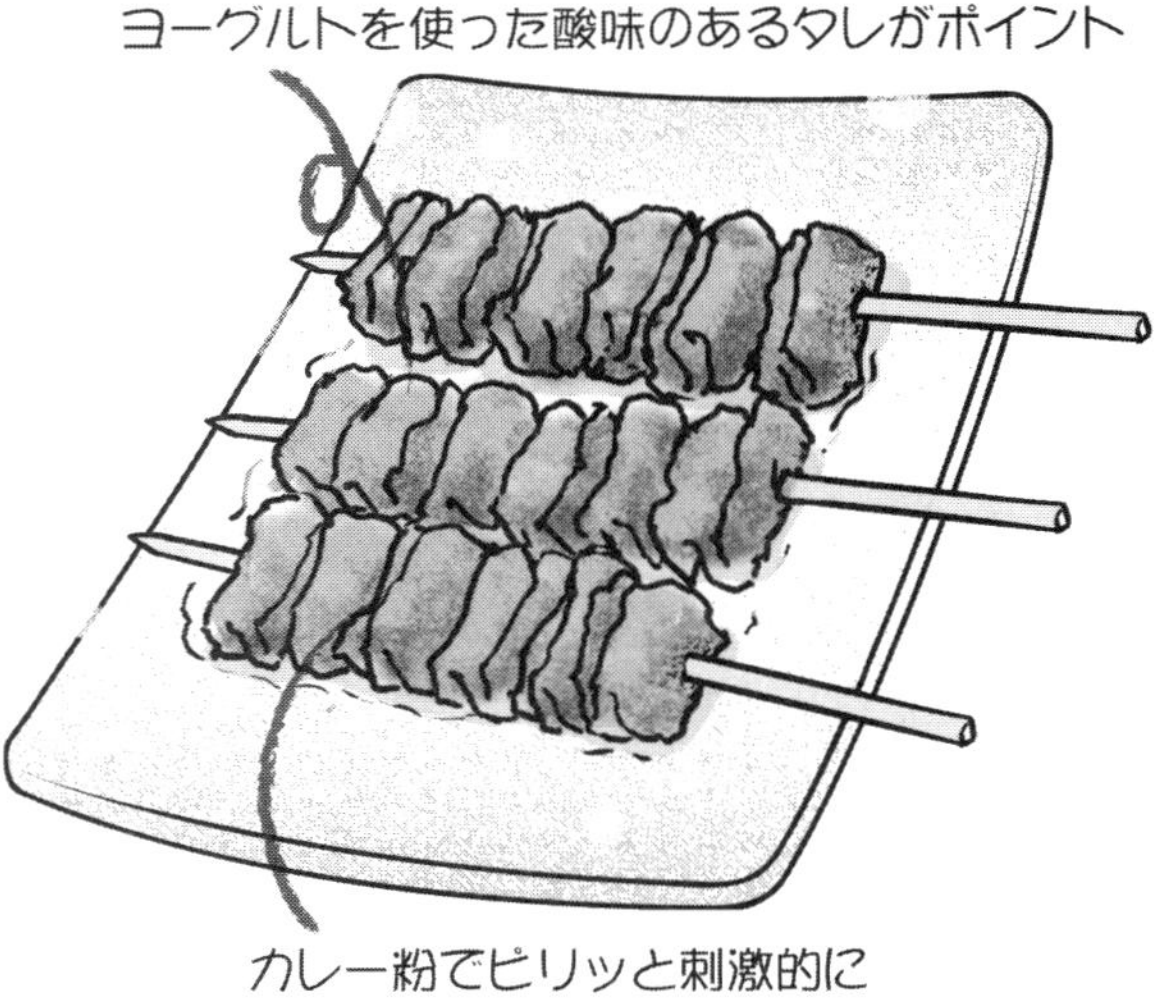
ヨーグルトを使った酸味のあるタレがポイント
カレー粉でピリッと刺激的に

アレンジ

タレにピーナッツバター少々を入れると、さらに本格的なサテになる。サテはインドネシアの焼き鳥として親しまれている。

ここはこうする!

こま切れ肉は、ぬうようにしながら竹串に刺す。

■常備しておきたいハーブとスパイス

料理をグレードアップする裏ワザはこのひとふりにある

乾燥ハーブやスパイスは料理に加えるとおいしさがアップする。ビン詰ならスーパーで入手でき、保存もきく。少しずつ揃えてさまざまな料理に使いたい。

●ガーリック…乾燥ニンニクの粉末。炒め物の仕上げにひとふりしたり、サラダにも使えて便利。

●バジル…青ジソと似た香りでイタリア料理には欠かせない。鶏や魚の煮込み料理、サラダなど幅広く使われる。とくにトマトと相性がいい。

●オレガノ…バジルと同様、イタリア料理でポピュラーなスパイス。トマト、チーズ、卵、鶏肉に合う。チーズをのせて焼くピザ風の料理やオムレツにもいい。

●粉山椒《さんしょう》…ウナギの蒲焼きでおなじみ。清涼感のある香りは和え物に最適。

●パプリカ…鮮やかな赤と甘い香り。チーズ料理や卵料理の仕上げにひとふり。

●ローリエ(月桂樹)…肉の煮込み料理やシチュー、スープに1~2枚入れるだけで肉の生臭みがとれ、上品で深みのある仕上がりになる。

揚げ物・炒め物

居酒屋定番のおつまみが目白押し。揚げ物は炒め揚げするので、面倒な手間は一切かからない。アツアツをいただいて。

和風

タコの唐揚げ

アッという間にできる簡単唐揚げ

① ゆでダコの足１５０グラムをぶつ切りにする。しょう油大さじ1、おろしニンニク少々をからめて30分おく。

② ①の汁気をきり、片栗粉をたっぷりまぶす。

③ 多めの油をひいたフライパンで、転がしながらこんがり炒め揚げる。

タコのジューシーな旨味がたっぷり
炒め揚げだから唐揚げもカンタン

アレンジ

しょう油の代わりにウスターソースを使うと、コクのあるしっかりとした味つけになる。

ここはこうする!

炒め揚げとは、少なめの油で、材料を炒めるように揚げる調理法。大量の油を使う揚げ物にくらべ、経済的で後処理もラクなので、料理初心者におすすめ。

和風

ちくわの磯辺揚げ

青のりの風味でちくわをおいしく

① ちくわはたて半分に切る。

② 天ぷら粉を溶いて青のり大さじ1を混ぜて衣を作り、ちくわにからめる。

③ 多めの油をひいたフライパンで全体が少し色づくまで②を返しながら炒め揚げする。

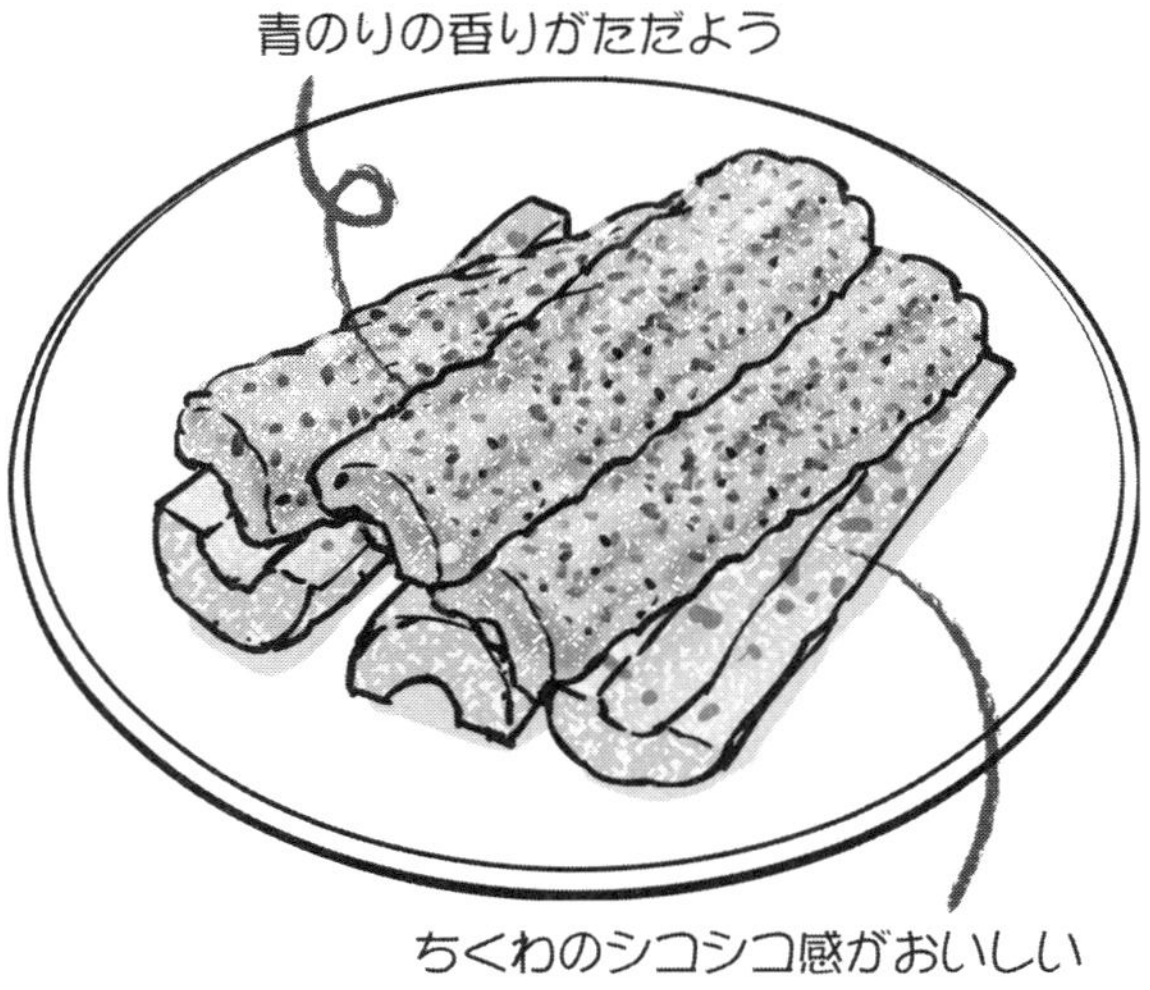
青のりの香りがただよう
ちくわのシコシコ感がおいしい

アレンジ

青のりの代わりに粉チーズとパセリのみじん切りを混ぜると洋風に。好みでマスタードを添えていただこう。

もうひと手間!

市販のめんつゆで天つゆを作って、ダイコンおろしを添えるとさらにグレードアップ。炒め揚げでなく油で揚げればいっそうパリッとする。

和風

レンコンチップス

サクサクした食感に、ビールがとまらない！

① レンコン1節はスライサーか包丁で薄く切る。

② 薄く切ったレンコンはすぐ水洗いをして、ペーパータオルで水気をしっかり拭きとる。

③ フライパンに多めに油を入れて②を炒め揚げする。

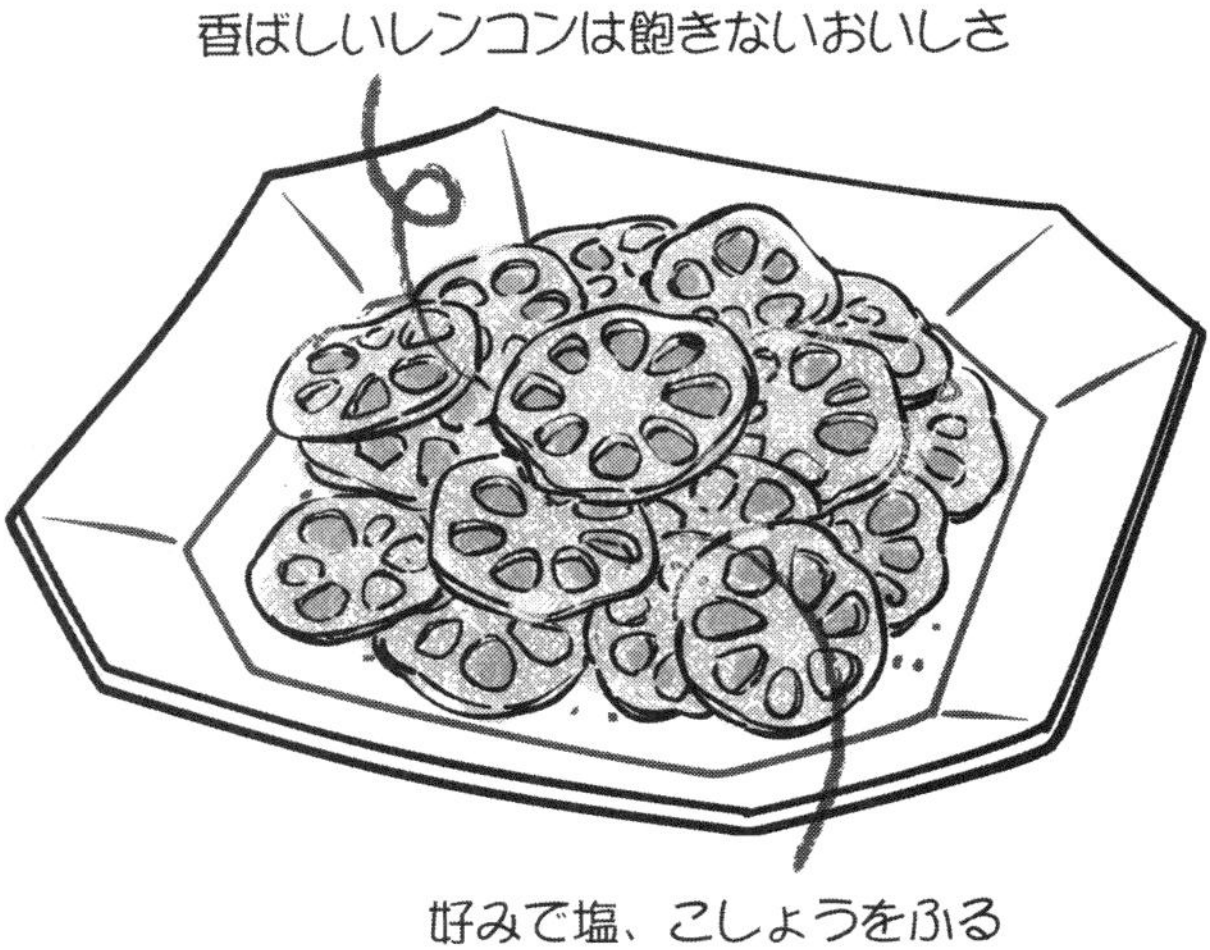
香ばしいレンコンは飽きないおいしさ
好みで塩、こしょうをふる

アレンジ

ゴボウのチップスにも応用できる。ゴボウの場合はピーラーで薄く切り、水に10分つけてアク抜きをしてから水気を拭いて揚げる。

ここはこうする！

よりパリッとさせるなら油をフライパンに3センチほど入れて揚げる。油は温まるまで中火、それから弱火で揚げる。強火だと焦げてしまうので注意。

和風

ゴーヤーチャンプルー

定番の沖縄料理のともは、やっぱり泡盛できまり

① わたを取り除いたゴーヤー1/2本は5ミリの厚さに、ベーコン2枚は細切りにする。

② フライパンにサラダ油大さじ1を熱し、ゴーヤーとベーコンをさっと炒める。

③ 卵1個を溶きほぐして流し入れ、塩で調味する。

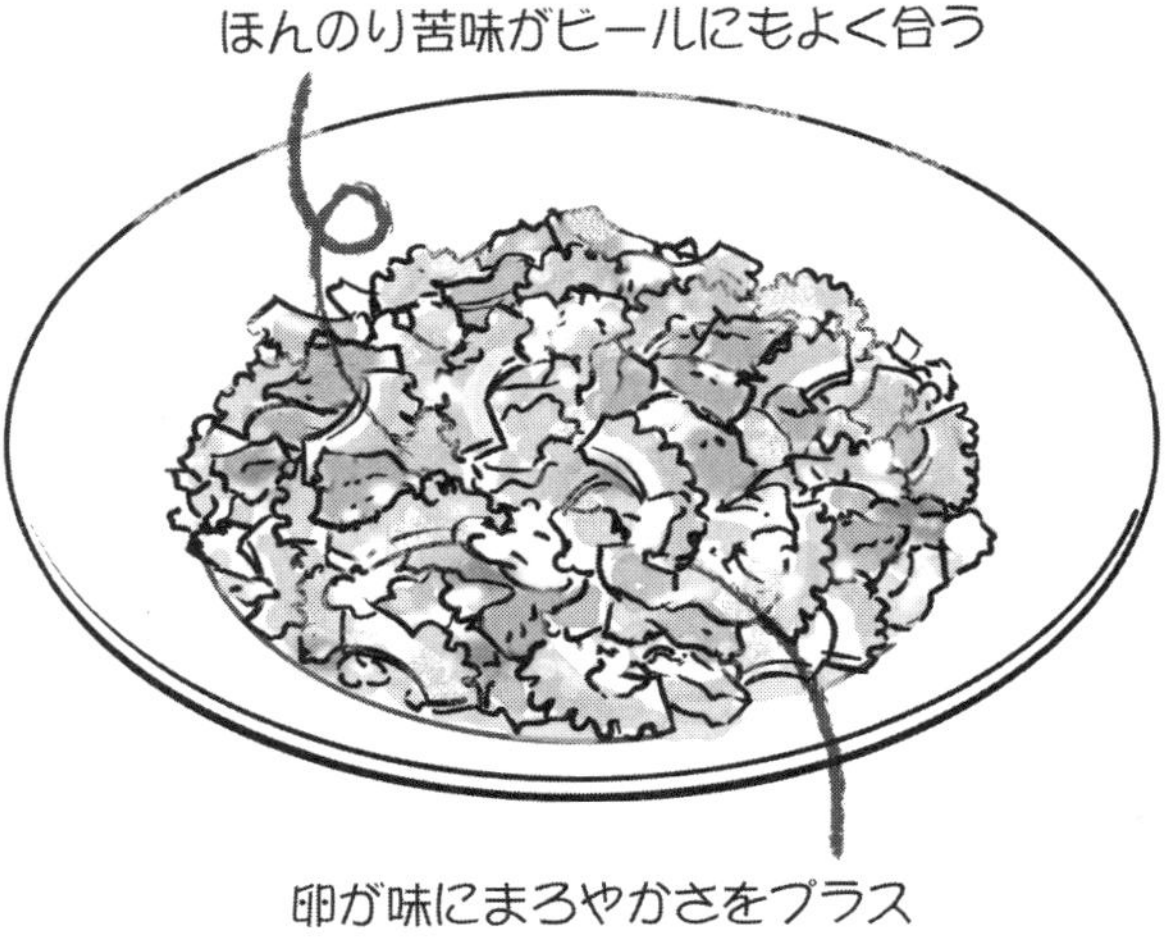
ほんのり苦味がビールにもよく合う
卵が味にまろやかさをプラス

アレンジ

ニンジン、タマネギの細切りを加えると、彩りも食感もアップするし、野菜もいっぱい食べられて、いいことづくめ。

ここはこうする!

溶き入れた卵がかたまったらすぐにフライパンの火を止める。いつまでも火にかけていると卵が焦げついて、味が悪くなってしまう。

アジア

豚肉の高菜炒め

高菜と唐辛子のピリ辛味が豚肉によく合う

① 豚バラ肉の薄切りを2センチ幅に切る。
② フライパンに油を熱し、刻み唐辛子少々、刻んだニンニク1片分、豚バラ肉を炒める。
③ ②に刻んだ高菜とナンプラー少々を混ぜ合わせる。

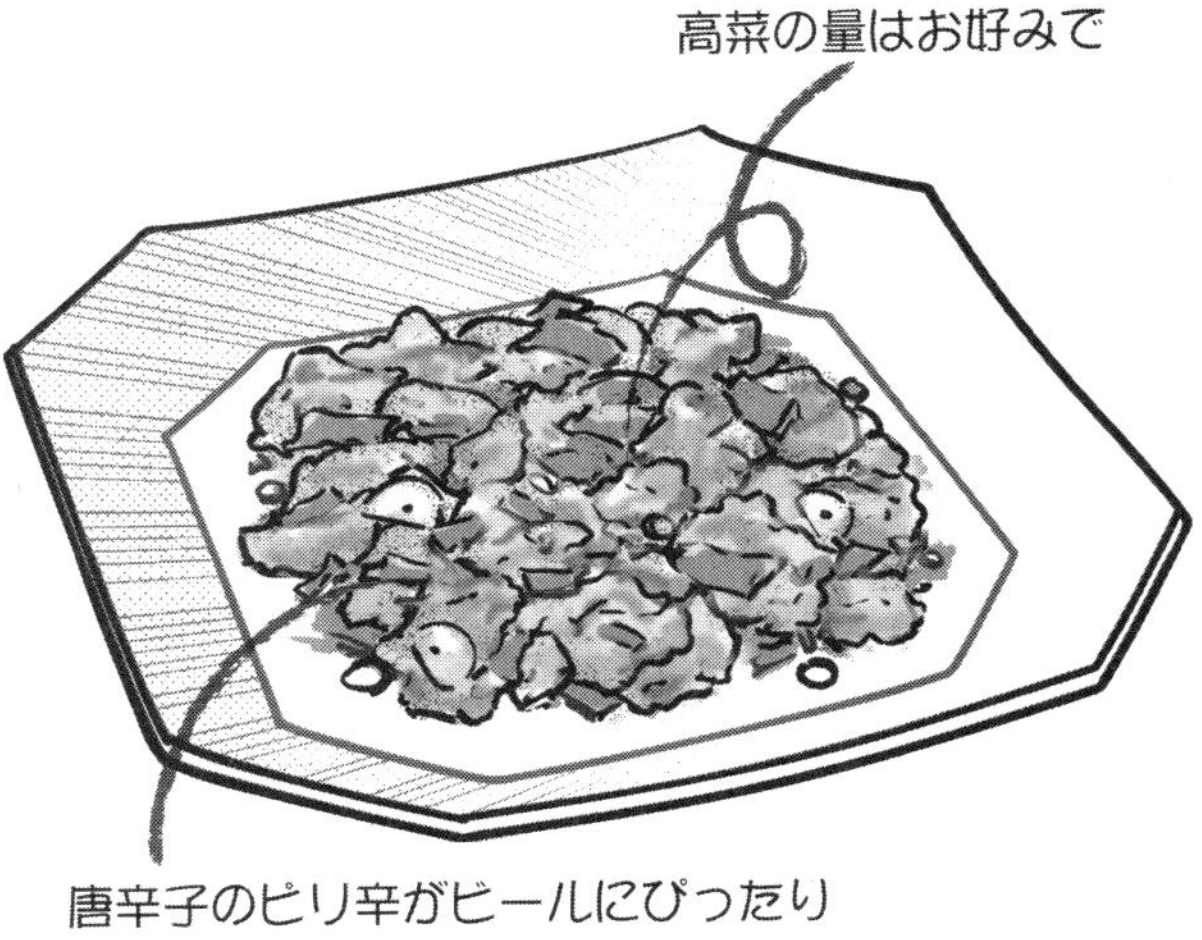
高菜の量はお好みで
唐辛子のピリ辛がビールにぴったり

アレンジ

豚バラ肉の代わりに、汁気をきったツナ缶でもおいしい。ツナ缶なら常備できるので、冷蔵庫に高菜が残っていれば、思いついたときに作ることができる。

もうひと手間！

タケノコやエリンギの細切りなど、きのこ類を一緒に炒めると、さらに風味がプラスされる。きのこ類は炒めたあとで水分が出るので、すぐ食べること。

アジア

豚肉のキムチ炒め

豚肉にキムチがからまった、ビール好き定番のおつまみ

① 豚バラ肉の薄切りはひと口大に切る。

② 熱したフライパンに油をひき、①をカリッとするまで炒める。

③ 刻んだキムチを加えてさっと炒め、しょう油少々をたらす。

キムチの量は好みで調節を
カリッとした豚肉が香ばしい

アレンジ

3センチくらいのざく切りにしたニラを一緒に炒めても美味。ニラの香りで、ますますビールがすすむ。

ここはこうする!

キムチは新しいものより、よく漬かって酸味が出てきたもののほうがおいしくできる。残っているキムチがあるときにぜひ作ってみよう。

和風

鶏ネギ甘辛炒め

鶏肉と長ネギにからんだ甘辛いタレがビールにぴったり！

① 鶏もも肉1枚は1センチ厚さのそぎ切りに、長ネギ1本は斜めに切る。

② フライパンにサラダ油を少々をひいて鶏肉を焼き、長ネギも加える。

③ ②にしょう油大さじ1、砂糖大さじ$\frac{1}{2}$を加えてからめる。

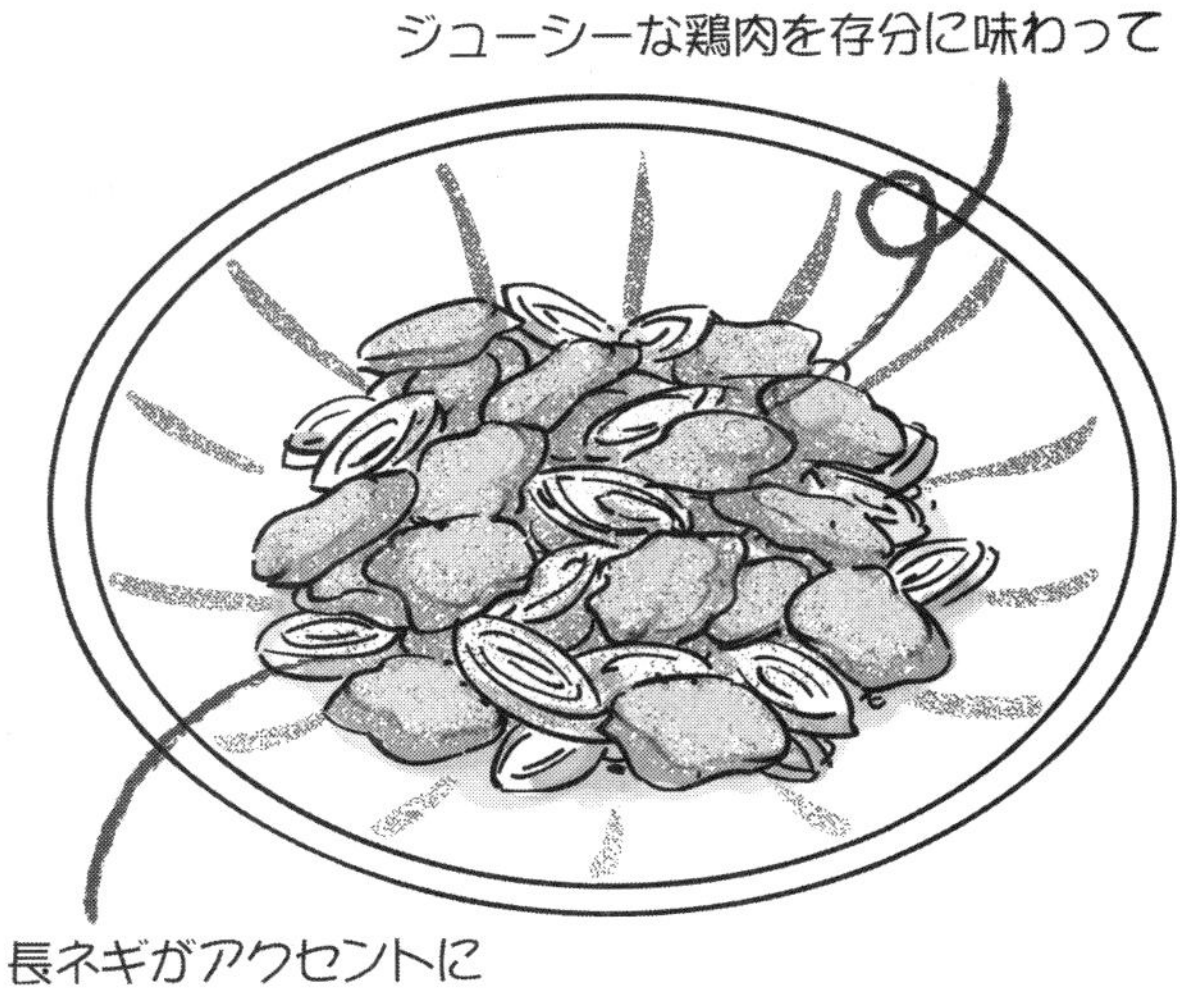
ジューシーな鶏肉を存分に味わって
長ネギがアクセントに

アレンジ

ピリッとさせたいときは、練り辛子や粉山椒を添える。とくに粉山椒はネギと相性がいいので、少しふるだけで上品な仕上がりになる。

ここはこうする!

そぎ切りとは包丁を少し寝かせて斜めにそぐように切ること。厚みのある肉や魚を切るときによく使う。

和風

ナスのみそ炒め

みそ味のナスの旨味が口の中にフワッと広がる

①豚バラ薄切り肉１００グラムを３センチ幅に切り、油をひいて熱したフライパンでカリッとするまで炒める。

②ナス１本を１センチ幅の輪切りにして①に加える。

③みそ、酒各大さじ２、砂糖大さじ１を加えて炒める。

豚バラの旨味をたっぷり吸ったナス
砂糖で味つけした甘めのみそがポイント

アレンジ

好みで豆板醤を入れるとピリ辛風味になって、ますますビールがすすむ。

もうひと手間!

耐熱皿に入れ、溶けるタイプのチーズをのせてオーブントースターで焼くと和風グラタンになる。甘めのみそ味とチーズで絶妙の味わいに。

中華

エビマヨ炒め

エビをマヨネーズで炒めてクリーミーに仕上げた酒の肴

①むきエビ10尾の背に切り込みを入れて背わたを取り、塩、酒各少々、片栗粉小さじ1をもみこむ。

②サラダ油少々で炒めて火を通す。

③火を止めてマヨネーズ大さじ3、豆板醤少々を加えてからめる。

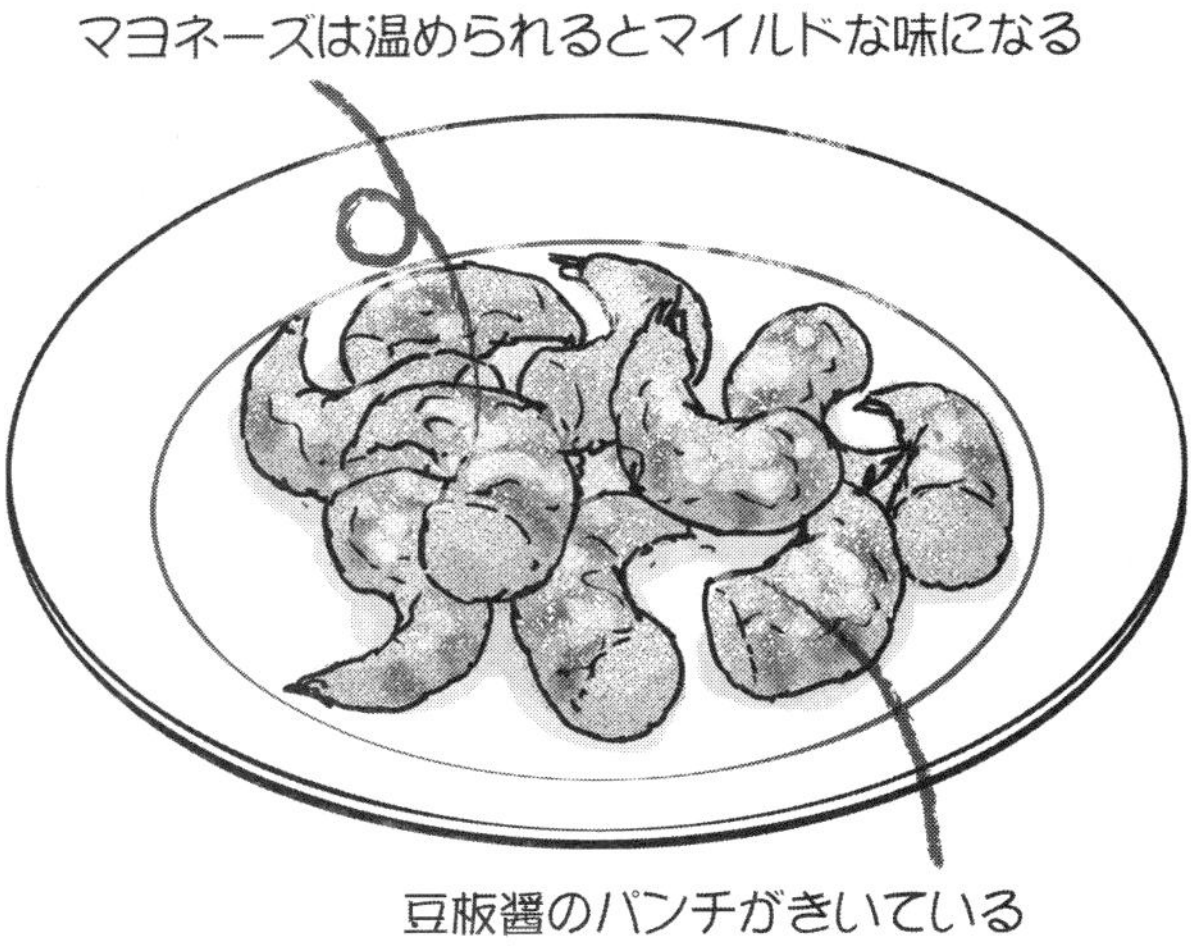
マヨネーズは温められるとマイルドな味になる
豆板醤のパンチがきいている

アレンジ

エビの代わりにイカやタコでもおいしくできる。また冷凍のシーフードミックスを使えば、下ごしらえの手間も必要でなくなる。

ここはこうする！

むきエビは包丁で背に切れ目を入れ、灰色の背わたを取る。

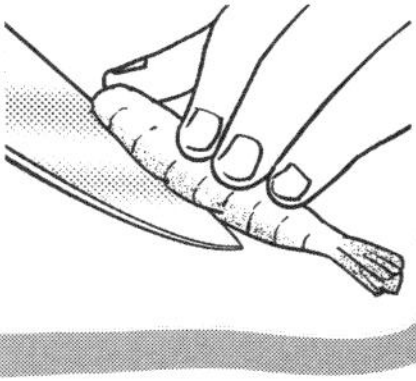

中華

エビのトウチジャン炒め

歯ごたえ十分なプリプリむきエビの味

①万能ネギ1/2束を5センチの長さに切る。

②むきエビ10尾をごま油で色が変わるまで炒める。

③②に万能ネギとトウチジャン大さじ1を加えて全体を混ぜる。

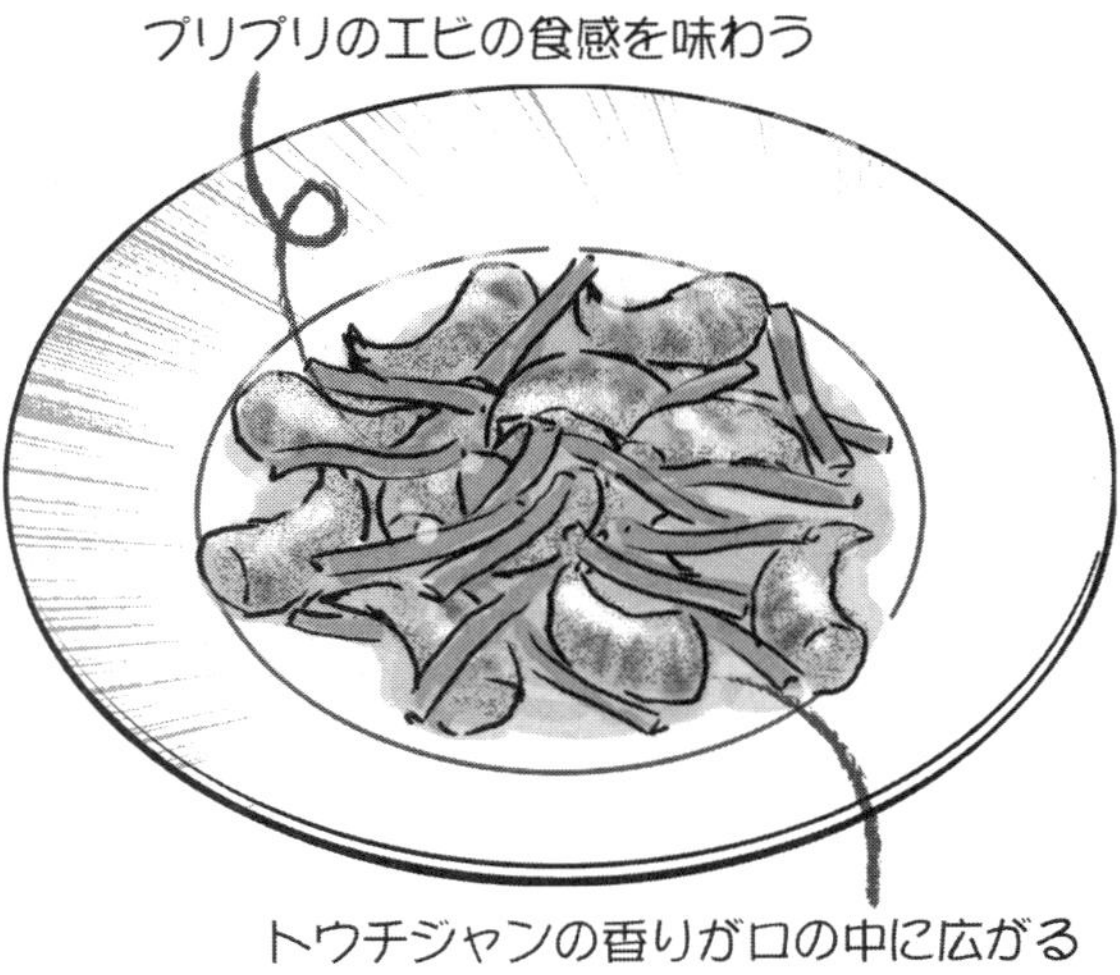
プリプリのエビの食感を味わう
トウチジャンの香りが口の中に広がる

アレンジ

万能ネギの代わりに、ニラやクレソンなどちょっとクセのある野菜を入れてもおいしい。独特の香りが酒に合う。

ここはこうする!

トウチジャンとは豆を発酵させて作ったみそ。スーパーの中華材料売り場で手に入る。豆ならではの旨味とコクがあり、炒め物や蒸し料理によく使われる。

洋風

エリンギとアンチョビのソテー

塩味のきいたアンチョビでビールがどんどんすすむ！

① エリンギ3本はたて半分に切る。

② エリンギをオリーブオイル大さじ1/2でしんなりするまでフライパンで焼く。

③ アンチョビ1～2枚を刻んで加え、塩で味をととのえる。

オリーブオイルの香りが一面に広がる
パンチのきいたアンチョビがアクセント

アレンジ

ここでは歯ごたえと香りのよいエリンギを使ったが、マッシュルームやシイタケなど他のきのこでもOK。

もうひと手間！

最後に刻んだトマトを加えて、さっと煮るとイタリアンなひと皿に。アンチョビに塩味がついているので、塩は好みで調節する。

和風

きのこのバターソテー

バターの香り高いきのこのおつまみ

① シメジ1パックは石づきを切り落とす。

② つぶしたニンニク1片とシメジをバター大さじ1で炒める。

③ ②にしょう油少々をからめ、仕上げに粗びき黒こしょうをふる。

バターとしょう油の香りで箸も酒もすすむ
黒こしょうをたっぷりきかせて、味を引きしめよう

アレンジ

シメジの代わりにシイタケ、マイタケ、エリンギなど好みのきのこを使ってもOK。秋になったらぜひ食べてみたい肴のひとつ。

もう ひと手間!

生クリーム½カップを入れてサッと火を通せば、コクのあるクリーム煮に。じっくり煮込んでしまうと生クリームの色が変わってしまうので注意する。

中華

トマト炒め

炒めると意外においしいトマトの肴

① ごま油大さじ$\frac{1}{2}$で、つぶしたニンニク1片を炒める。

② ざく切りにしたトマト1個を①に加え、くずれるまで炒める。

③ オイスターソース大さじ$\frac{1}{2}$、しょう油小さじ1、こしょう少々を加える。

炒めたトマトは甘さが凝縮されてとてもおいしい
オイスターソースの濃厚な味がアクセント

アレンジ

しょう油の代わりにナンプラーを使うとエスニック風に。入れすぎるとしょっぱくなるので、注意が必要。

もう ひと手間！

最後に溶き卵を入れて半熟で火を止め、オムレツ風にしてもおいしい。うまくオムレツの形にできなければ、そのまま卵とじにするとよい。

洋風

タマネギのケチャップ炒め

酸味と辛味のきいたタバスコでピリ辛の味

①タマネギ1個は1センチ幅のくし形切りにする。

②タマネギをサラダ油で透き通るまで炒める。

③②にケチャップ大さじ2～3をからめ、タバスコをたっぷりかける。

タマネギと刺激的なタバスコの辛さが絶妙

アレンジ

細切りにしたベーコンや、斜め切りにしたソーセージも一緒に入れると、炒めて甘味が引き出されたタマネギとよく合っておいしい。

ここはこうする!

くし形切りはタマネギなどの球形を、放射状に切る切り方。

和風

タクアンとモヤシのごま炒め

タクアンの甘味とごまの風味が、口の中に広がる

①タクアン3～4切れを細切りにする。

②ごま油大さじ1をフライパンにひき、タクアンとモヤシ1/2袋を炒める。

③油が回ったら、たっぷりのごまをまぶす。

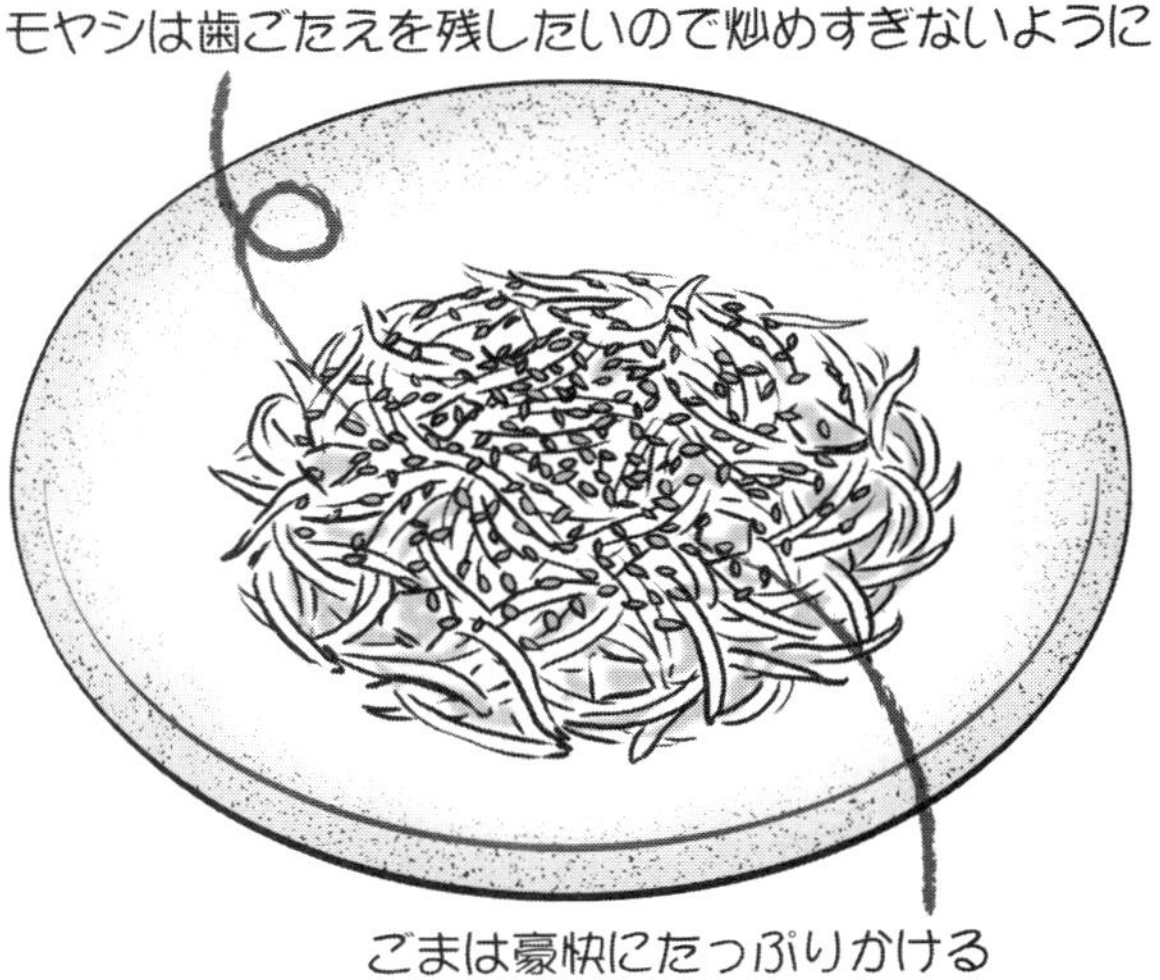
モヤシは歯ごたえを残したいので炒めすぎないように
ごまは豪快にたっぷりかける

アレンジ

ごまと一緒に七味唐辛子も加えると、ピリ辛味に。モヤシは1袋にたくさん入っているので好みの味つけにしてモリモリ食べよう。

もうひと手間！

ちくわやさつま揚げなどの練り物を細切りにして一緒に炒めると、ボリュームがプラスされる。時間があればモヤシのヒゲを取り除くと食感がよくなる。

■電子レンジ活用法

電子レンジは温めるだけでなく下ごしらえや調理にも活用したい

●ホウレンソウ…洗って水滴がついたままラップで包み、半束で1分10秒加熱（600W）。加熱後は水にさらしてアク抜きを。

●ジャガイモ…丸ごと洗って水滴がついたままペーパータオルで包み、さらにラップでくるむ。中サイズなら1個で約8分。加熱にむらができないように途中で上下をひっくり返す。

●ベーコン…ペーパータオルで包んで2枚なら5分加熱。脂の抜けたカリカリベーコンができる。

●トマトの湯むき…ヘタと反対側に十字の切り込みを入れ、ヘタを下にして1個につき30秒加熱したらすぐに冷水につけ皮をむく。

なお、こんな裏ワザも使えそう。

●のりをパリッとさせる…ラップをかけずに1～2分加熱。

●スパイス…必要量を皿に広げラップなしで30秒加熱すると香りが増す。

チーズ＆ポテト

トロ～リとろけたチーズや、ポテトのホクホク感が最高。ワインやビールのおともにぴったりの人気のおつまみ。

洋風

カマンベールのフライ

グラス片手にサクッとかじればチーズがトロ～リとろける

①カマンベールチーズを放射状に6個に切る。

②カマンベールチーズに小麦粉、卵、パン粉の順に衣をつける。

③フライパンに油を多めにひき、ころがしながら全体が色づくよう炒め揚げする。

揚げすぎないよう、表面がキツネ色になればOK
できたてをフーフーしながら食べると最高！ やけどに注意

アレンジ

パン粉にパセリ、ディル、オレガノ、タイムなどを混ぜると、ハーブの香り豊かなフライに変身するので試してみて。

もうひと手間！

小麦粉、卵、パン粉をつけたら、もう一度小麦粉、卵、パン粉をつけると衣がしっかりしておいしい。レモン汁をかけるとさっぱりと食べられる。

洋風

ジャガイモのチーズ焼き

アツアツのチーズがジャガイモにからまる

①皮をむいたジャガイモ1個を電子レンジで3〜4分加熱し、ひと口大に切る。

②耐熱皿にのせて塩こしょうをし、ピザ用チーズをたっぷりのせる。

③オーブントースターでチーズが溶けるまで焼く。

ピザ用チーズはたっぷりのせたほうがおいしい
とろけてアツアツのチーズがビールによく合う

アレンジ

ベーコンやハムを刻んで一緒に焼くと、ボリュームも味もアップする。

ここはこうする!

ジャガイモを電子レンジで加熱するときは、洗ってぬれたままの状態でペーパータオルに包み、さらにラップで包んでから加熱するとよい。

洋風

ジャーマンポテト

香ばしく炒めたポテトで、気分はビアホール！

① ジャガイモ1個をひと口大に切り、ソーセージ1本は斜めに2〜3分割する。

② フライパンに多めのサラダ油をひき、ジャガイモを炒める。

③ ジャガイモが柔らかくなったらソーセージを加えて炒め、塩、こしょうをふる。

プリッとしたソーセージが美味
味つけは塩、こしょうだけなので
ジャガイモの味が引き立つ

アレンジ

ソーセージの代わりに、コンビーフをほぐしながら入れてもよい。コンビーフ独特の風味がジャガイモとよく合う。

もうひと手間!

ジャガイモは切ったあとに水につけてから水気をとって炒めるとホクホク感がでる。薄切りにしたニンニクやタマネギを加えて炒めると、もっと豪華に。

洋風

チーズフォンデュ

フォンデュセットがなくてもオーブントースターがあれば楽しめる

①カマンベールチーズを深めの耐熱皿に入れ、オーブントースターに入れる。

②グツグツとチーズが溶けるまで加熱する。

③冷めないうちに角切りにしたフランスパンをチーズにひたして食べる。

チーズをたっぷりからませて食べよう

アレンジ

チーズが溶けたところに、アンチョビのみじん切りや、すりおろしたニンニクを混ぜると、オリジナルソースができる。

もうひと手間!

ニンジンやジャガイモなど火を通した野菜、ゆでたソーセージやシーフードなども用意すると、本格的なチーズフォンデュになる。

和風

もちチーズ焼き

もちとチーズの最強タッグのおつまみです

① 切りもち2個を1センチ角くらいに切る。

② もちを耐熱皿に入れ、溶けるチーズをのせる。

③ オーブントースターでチーズが溶けるまで焼く。

ひと口サイズのもちをほおばる
アツアツのもちとチーズがからみあう

アレンジ

キムチの粗みじん切りをのせて焼くと韓国風、ケチャップかピザソースを塗ってハム、サラミをのせて焼くと洋風もちピザのできあがり。

ここはこうする!

かたくなったもちを切るのはひと苦労。真空パックされた切りもちを使えば、包丁で上から体重をかけて押すようにすると簡単に切ることができる。

洋風

春巻きの皮のピザ

春巻きの皮のパリパリッとした食感がたまらない

① 春巻きの皮を広げ4等分の正方形に切る。

② プチトマトの輪切り、ピザ用チーズをのせ、オリーブオイル少々をたらす。

③ オーブントースターにアルミホイルをしいて②をのせ、チーズが溶けるまで5～6分焼く。

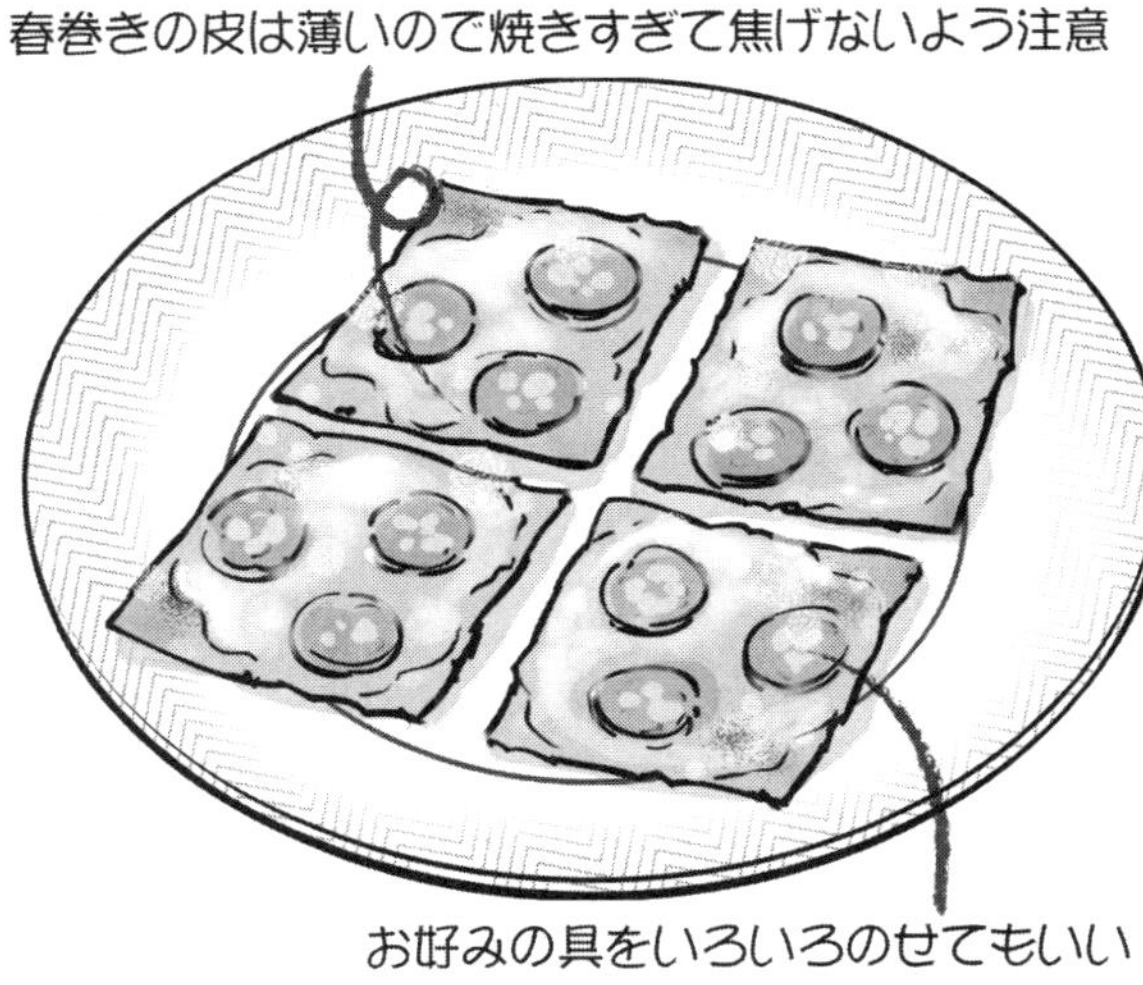
春巻きの皮は薄いので焼きすぎて焦げないよう注意
お好みの具をいろいろのせてもいい

アレンジ

春巻きの皮をひと口サイズに切ると、手でつまんで食べやすい。パーティーにもおすすめ。

もうひと手間！

オリーブやアンチョビを加えると、もっと豪華なピザに。冷蔵庫に残りがちな、のりの佃煮や福神漬けなどを使って和風ピザにしてもおもしろい。

洋風

タラモサラダ

タラコとジャガイモの、口あたりのいいサラダ

① 皮をむいたジャガイモ1個は電子レンジで柔らかくし、よくつぶす。

② オリーブオイル大さじ3、薄皮を取り除いたタラコ1/2腹を混ぜる。

③ レモン汁、塩、こしょう、おろしニンニクで味をととのえる。

面倒がらずにジャガイモは丁寧につぶしたい
おろしニンニクが全体の味を引きしめる

アレンジ

アイスクリームのようにドーム状に盛りつけ、上に輪切りのオリーブやパセリをあしらうと、ちょっとかわいい。

もうひと手間!

タラモサラダは冷蔵庫でよく冷やしてから食べたほうがおいしい。また、ギョーザの皮やワンタンの皮に包んでカラリと揚げるとさらに凝った一品に。

洋風

チーズディップ

明太子風味のディップはクラッカーやスティック野菜にぴったり

① クリームチーズ100グラムは柔らかく練る。

② 明太子1腹は薄皮を取り除いてほぐす。

③ クリームチーズ、明太子、万能ネギの小口切り大さじ3～4をよく混ぜ合わせる。

明太子の辛味がまろやかな
クリームチーズとよく合う
クラッカーにのせるとおいしい

アレンジ

万能ネギを入れずに、ミントやチャイブなどのハーブを入れたり、またはレモンの薄切りをのせると、違う風味が楽しめる。

ここはこうする!

「ソフトタイプ」と表示されたクリームチーズなら、柔らかく練りやすい。そうでない場合は、冷蔵庫から出してしばらくおく。

和風

肉ジャガ

肉の旨味がしみこんだ、こってり甘辛い肉ジャガ

① 皮をむいたジャガイモ1個をひと口大に切り、サラダ油大さじ1/2で薄く色づく程度まで炒める。

② ①に牛こま切れ肉50グラム、タマネギの細切り1/4個分、焼肉のタレ大さじ2～3、水1/2カップを加えて煮る。

③ ジャガイモが柔らかくなり、汁気がなくなればＯＫ。

ほっくりジャガイモ、これぞ定番の味
焼肉のタレを使った「目からウロコ」の裏ワザ料理

アレンジ

牛こま切れ肉の代わりに、ツナ缶やベーコンを使ってもいい。とくにベーコンからはコクのある旨味が出るので、おいしいジャガイモの煮物ができあがる。

ここはこうする!

焼肉のタレは、できれば甘口を選ぶと居酒屋メニューらしい肉ジャガができる。ジャガイモは煮くずれしやすいので、柔らかくなったら火を止める。

■おつまみの下ごしらえ

手間をかけると味も見た目もワンランクアップ

下ごしらえにひと手間をかけると、味も見た目も違ってくるもの。手間といっても、慣れてしまえばなんでもない。

●イモ類は水からゆでる…ジャガイモやサツマイモは、水から鍋に入れてゆでると火が通りやすい。

●青菜はゆでたら冷水に入れる…ホウレンソウは茎が太ければ包丁で根元に十字に切り込みを入れる。お湯に根元から入れ、さっとゆでたらすばやく冷水にさらしてアクをとる。

●野菜の面取り…ダイコン、ジャガイモ、レンコンなどを煮るとき、角を包丁で落としておくと煮くずれしにくい。

●レバーの臭み取り…レバーをひたひたの牛乳に10〜15分浸し、ペーパータオルで牛乳を拭き取ってから調理する。

●鶏肉の皮と脂身の処理…身からはみ出した皮や黄色い脂身は、包丁やはさみで取り除くとあっさりとした味になる。

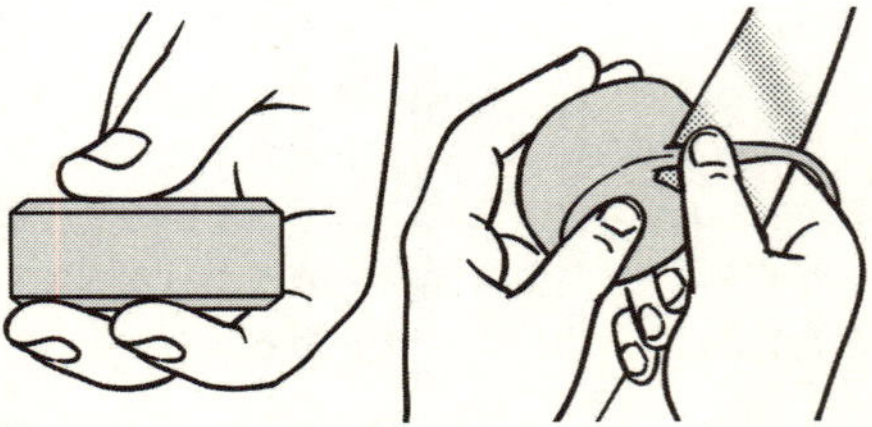

ダイコンの面取り

豆富・納豆料理

ほんのひと工夫で、いつもの豆腐や納豆がお酒にぴったりのおつまみに。毎日でも食べたいヘルシーな一品。

和風

豆富の照り焼き

外はカリッ、中はふんわりの豆腐ステーキ

①　豆腐1丁をペーパータオルで包み、電子レンジに3分かけて水きりして冷ます。

②　豆腐を6等分にして全体に小麦粉をまぶし、ごま油を熱したフライパンで表面に焼き色がつくまで両面を焼く。

③　しょう油、みりん、酒各大さじ1を入れてからめる。

カリッと香ばしいできあがり
焼き色がついてからひっくり返さないとくずれる

アレンジ

最後に味つけをするとき、カレー粉少々を入れてピリッとさせてもおいしい。豆腐のまろやかな味がカレー風味とマッチする。

ここはこうする!

豆腐はそのまま使うと水気が出るので必ず水きりをする。

和風

豆富のみそ漬け

熟成させたチーズのようなコクのある味に酒がすすむ

①豆腐1丁はペーパータオルで包み、電子レンジに3分かけて水きりする。

②豆腐のまわりにまんべんなくみそを塗り、ラップで全体をきっちり包む。

③密閉容器に入れ、冷蔵庫に入れて1週間待つ。2～3週間目が食べごろ。

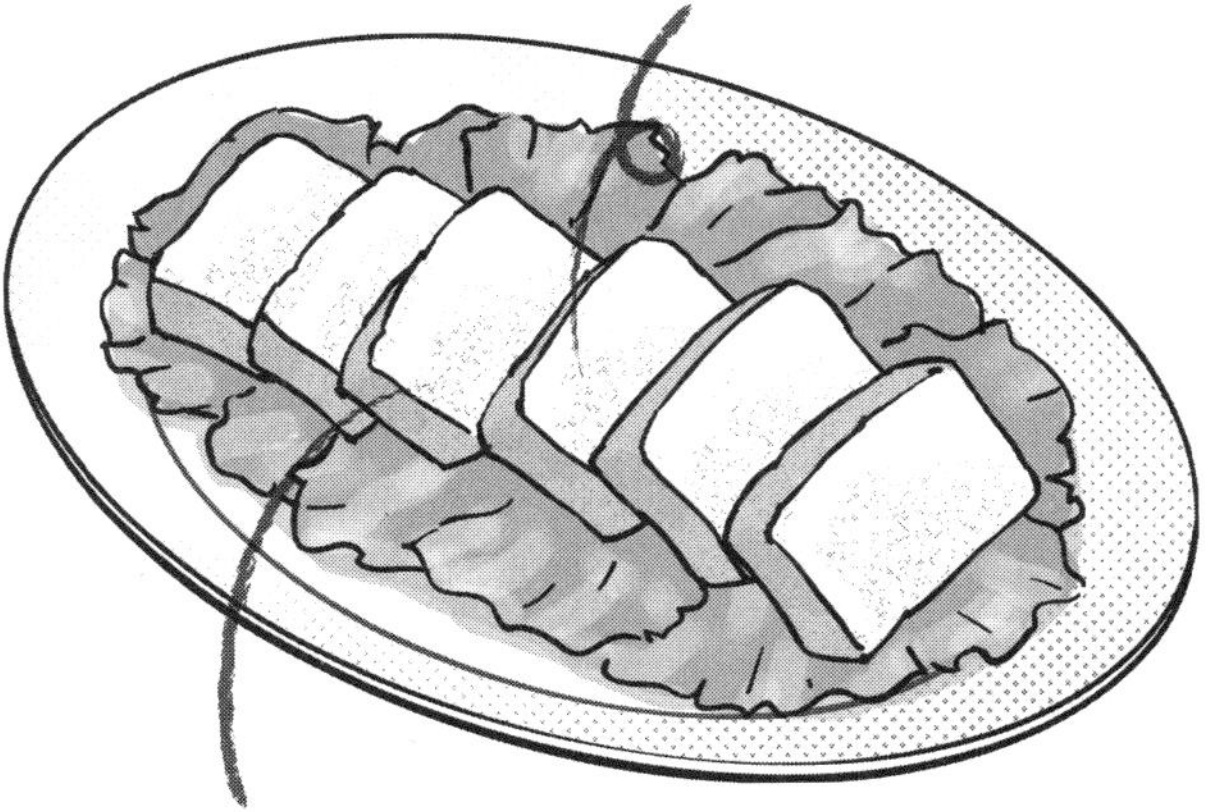
熟成する過程も楽しい
とろりとした、まさに自家製珍味

アレンジ

スライスしてそのまま食べてもいいが、スプーンでざっとつぶしてディップ状にしてもいい。スティック野菜やクラッカーによく合う。

ここはこうする!

豆腐を包むみそは赤みそ、白みそ、麦みそなど好みのものを使ってOK。だし入りみそでも大丈夫。

洋風

豆富のトマトソース煮

こってりとした食感のヘルシーな酒の肴

① 豆腐1丁はペーパータオルで包み、電子レンジに3分かけて水きりをし、ひと口大に切る。

② フライパンにサラダ油をひいて熱し、小麦粉をまぶした豆腐をこんがりと焼く。

③ トマトソース1缶を加え、ひと煮立ちさせる。

豆腐はできるだけくずれないように焼いて
トマトと豆腐の味が絶妙に合う

アレンジ

辛いのが好きな人は、豆腐と一緒に唐辛子1本を炒めるか、または最後にタバスコ少々をかければOK。刺激的な味が味わえる。

ここはこうする!

トマトソース缶は、調味料や香辛料で風味づけされたもの。トマトの水煮缶よりも手軽にトマト煮ができる。

和風

薬味いっぱいの冷奴

豆腐が見えないくらい薬味をのせてほおばる

① 薬味にダイコンおろし、おろしショウガ、みじん切りにしたミョウガと万能ネギ、小さくちぎった青ジソを用意する。

② 冷やした豆腐に薬味をたっぷりのせる。

③ おかか、ごま、青のりをのせ、しょう油をかける。

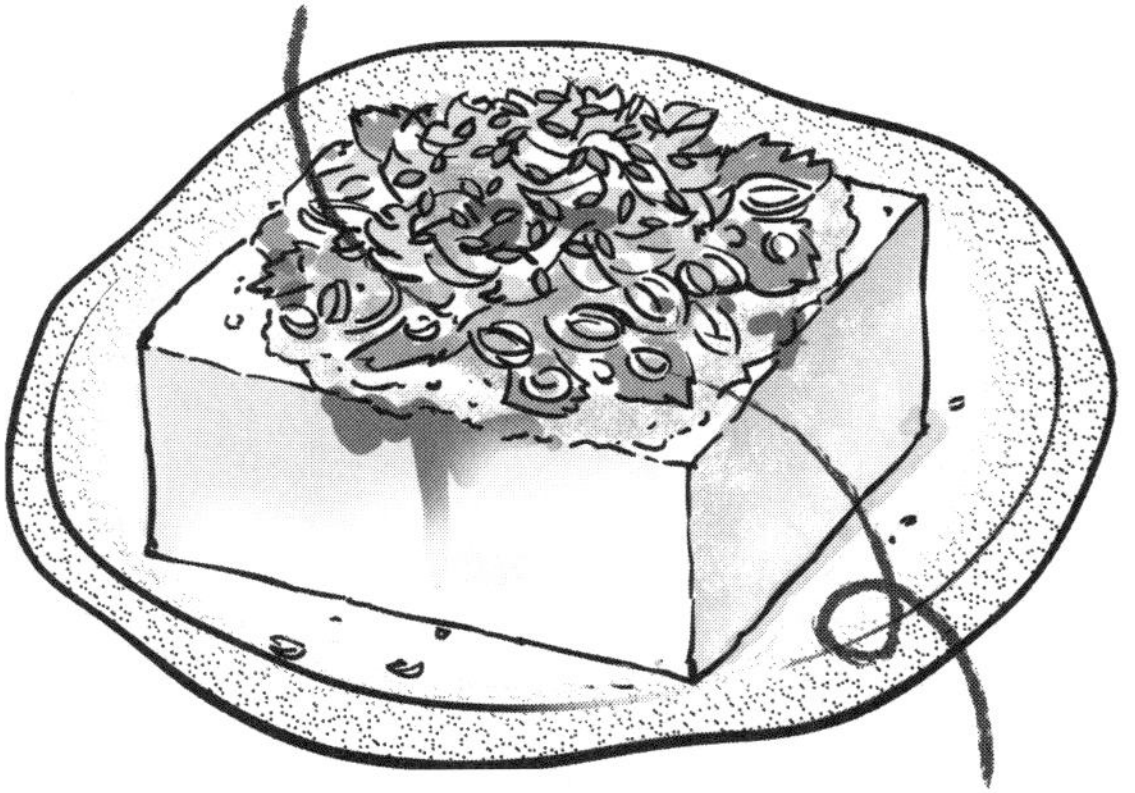
とにかく薬味は山盛りにのせる
豆腐は切らずに豪快に食べる

アレンジ

スライスオニオン、キムチ、イカの塩辛など、冷蔵庫に余っているものをのせてもおいしい。トッピングによっては意外な味の発見もある。

ここはこうする!

豆腐がくずれてしまったら、スプーンですくいザル豆腐風に。

中華

ピータン豆富

淡白な味の豆腐と濃厚な味のピータンは相性抜群

①ピータン1個は泥を落として殻をむき、粗く刻む。

②豆腐1丁をくずしながらピータンと混ぜる。

③万能ネギの小口切りをちらし、塩、こしょう、ごま油各少々をふる。

ピータン初心者も豆腐と一緒ならパクパク食べられる

アレンジ

ピータンの代わりにザーサイのみじん切りを使うと、カリカリとした歯ごたえが楽しめるおつまみに。ラー油を加えたピリ辛風味もまたおいしい。

もう ひと手間!

細かく切ったトマトやせん切りにしたキュウリを混ぜてサラダ風にすると、おいしいだけでなく見た目もきれい。

和風

納豆卵焼き

誰でも失敗なく作れる栄養満点の卵焼き

① 卵2個を溶き、納豆1パックを入れて、よくかき混ぜる。

② フライパンに油を熱し、①を流し入れる。

③ 半熟になったところで二つ折りにして皿にのせ、しょう油をかける。

アツアツの卵焼きにかぶりつく
半熟卵のまろやかさが納豆にマッチ

アレンジ

しょう油の代わりに納豆に添えられているタレを使ってもムダがないし、だし入りなのでひと味違った卵焼きができる。

もうひと手間！

粗く刻んだトマトを混ぜ、半熟のところでそのまま皿に盛れば色鮮やかなオープンオムレツに。刻みパセリをちらして彩りもアップ。

和風

五色納豆

納豆に刺身を入れればリッチなつまみに大変身

①納豆を軽く混ぜて器に入れる。

②イカ、マグロの刺身、タクアンは各5ミリ角に切り、万能ネギは小口切り、焼きのりはちぎる。

③納豆に具を彩りよくのせ、しょう油をかける。

納豆が見えないくらい具をのせよう
意外なトッピングでおいしさ新発見

アレンジ

刻んだキムチやスライスオニオン、ダイコンおろしも意外と納豆に合う。しょう油の代わりに納豆に添付されているタレでもいい。

もうひと手間！

五色納豆をよく混ぜてご飯と一緒にレタスで巻くとおいしい。ごはんをすし飯にするとお手軽手巻きずしに。

和風

納豆いなり

サクッ、ネバ~がくせになる、からだに優しい肴

① 納豆1パックは添付のタレと辛子を入れて、よくかき混ぜる。

② 油揚げ1枚は油抜きをして半分に切って袋状に開き、納豆を入れて口をつまようじで閉じる。

③ オーブントースターでうっすら色がつくまで焼く。

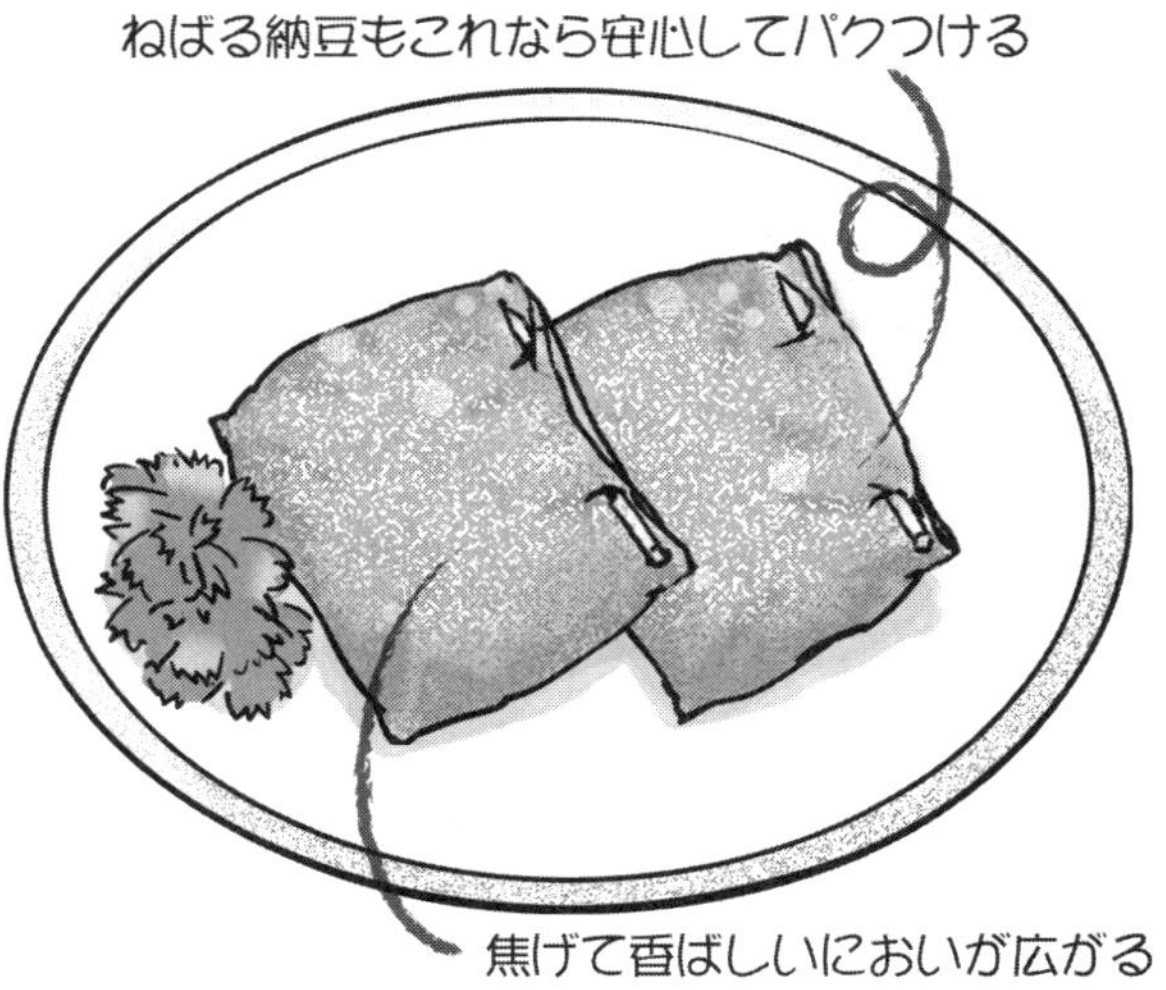
ねばる納豆もこれなら安心してパクつける
焦げて香ばしいにおいが広がる

アレンジ

タクアンやしば漬けのみじん切りを混ぜると、味と歯ごたえのアクセントに。漬け物の風味がたまらなく美味。

ここはこうする!

油揚げは調理前に油抜きをする。しっかり味をしみこませたいときは湯に入れて煮立たせる。油の旨味を活かしたいときはザルにのせて湯をかける。

■知っておくと損しない調理のコツ

居酒屋のおつまみと同じ味を出すには秘訣があった

味がしみこまない、揚げ物がくずれるといった悩みも、ちょっとしたコツで解決。

●調味料は「さしすせそ」が基本。さ…砂糖、し…塩、す…酢、せ…しょう油、そ…みその順序で入れると味がよくしみこみ、香りも生きる。砂糖が最初に来るのは、味の浸透が遅いので早めに入れる必要があるため。

●炒め揚げはフライパンのなかですぐに触らない。衣がはがれるので油に入れてしばらくそのままに。衣に火が通って落ち着いてきたら、箸でひっくり返す。

●炒め揚げは弱火にする。揚げ物より少なめの油で作る炒め揚げは、焦げないよう弱火で時間をかけて火を通す。

●味をしみこませるなら落とし蓋をする。煮物を作るとき、鍋よりひと回り小さい落とし蓋を材料の上に直接のせると味のしみこみがよくなる。鍋の直径より小さめの皿を使ったりアルミホイルをかぶせてもよい。

●煮物はだし汁が沸騰するまでは強火。そのあとは弱火でコトコト煮る。これを冷ますと味がよくしみる。

小鉢・小皿料理

わずかな時間で作れる、
風味豊かな料理が集結。
ちょっとずつ、たくさん
の種類を食べたいときに
うってつけ。

和風

焼き油揚げの和え物

こんがりと焼けた油揚げがおいしい

①油揚げ1枚をオーブントースターでこんがりと焼き、熱いうちに細切りにする。

②ミツバは2～3センチのざく切りにする。

③油揚げとミツバをしょう油大さじ1で和える。

フレッシュなミツバがたっぷり
しょう油だけのシンプルな味つけが旨い

アレンジ

ミツバの代わりに、生のカイワレやミズナでも。歯ごたえのあるおいしい和え物になる。

もう ひと手間!

おかかやごまを和えると、風味がよくなる。油揚げは焦げ出すと一気にまっ黒になってしまうので、焼いている間は目を離さないようにすること。

和風

ピーマンじゃこ

カリカリに炒めたちりめんじゃこが香ばしい

① ピーマン2個は細切りにする。

② フライパンにごま油を入れて熱し、ちりめんじゃこ10グラムを炒める。

③ ちりめんじゃこがカリッとしたら、ピーマンを加えてさっと炒める。

ピーマンの緑が目にも鮮やか
じゃこのカリカリ感がアクセント

アレンジ

ピーマンの代わりにシシトウやオクラを使ってもおいしい。シシトウは丸ごと、オクラはヘタをとって斜めに半分に切って使う。

もうひと手間!

溶き卵2個分を流し入れ、半熟状態で皿に盛りつけてオープンオムレツ風に。炒めたちりめんじゃこを別皿にとっておき、あとで盛りつけてもOK。

和風

焼きネギ酢みそ

網焼きにしたネギの香ばしさと酢みそが日本酒と合う

①長ネギを2～3センチの長さに切って網でこんがりと焼く。

②みそ、砂糖各大さじ1、酢大さじ2を混ぜて酢みそを作る。

③焼きあがったネギを酢みそで和える。

さっぱり酢みそで箸も酒もすすむ
噛むとジワーッと甘酢っぱい味がしみ出る

アレンジ

マグロの刺身をプラスすると、ぐっと豪華になる。もちろんお買い得価格の赤身で十分。焼きネギとよく合う。

もう ひと手間!

ぬた料理の定番。ワカメを入れれば味も栄養面もばっちり。酢みそに練り辛子を加えると、ピリッとした辛味がお酒によく合う。

和風

エノキダケの煮びたし

日本酒にピッタリのエノキダケの煮物

①エノキダケ1袋は根元を切り、半分の長さに切ってほぐす。

②エノキダケを鍋に入れて酒、しょう油、みりん各大さじ1を加える。

③そのまま火にかけ、かき混ぜながらしんなりするまで煮る。

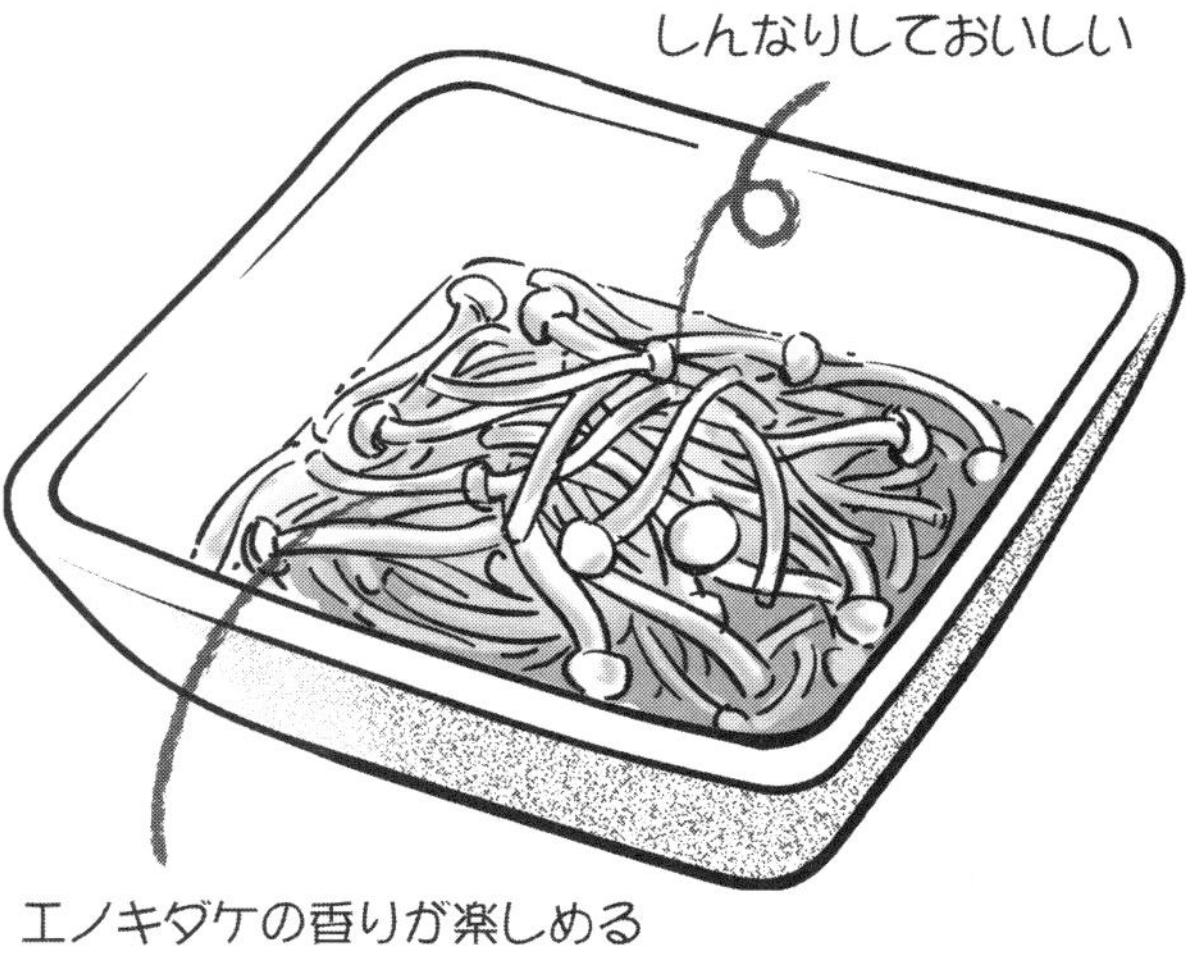
しんなりしておいしい
エノキダケの香りが楽しめる

アレンジ

七味唐辛子や粉山椒をふって味に変化をつけるのもいい。エノキダケはそれ自体の味が淡白なので、スパイスをきかせたほうがずっとおいしく食べられる。

もうひと手間!

豆腐にのせると、いつもの冷奴がグレードアップ。エノキダケの食感が柔らかい豆腐とよく合う。

和風

シシャモの南蛮漬け

ピリ辛で酢っぱい味がジューシーにしみ出す

①シシャモ5~6本をこんがり焼き、深めのバットまたは皿に並べる。

②砂糖、ごま油、こしょう、一味唐辛子各少々を混ぜる。

③ポン酢しょう油に②を加え、シシャモの皿に注ぎ入れる。

一味唐辛子をきかせてピリッとした南蛮ダレに
ポン酢しょう油はシシャモが熱いうちにかける

アレンジ

タマネギ、ニンジン、ピーマンの細切りも南蛮ダレとよく合う。野菜は熱湯でさっとゆでてから浸すと、青臭さが抜けておいしく仕上がる。

ここはこうする!

シシャモは、尾や頭の部分が焦げやすいので、弱火でじっくりと焼いて。オーブントースターでも焼ける。

中華

エビ春巻き

カリカリ感とプリプリ感の両方が味わえる一品

① エビは頭を取り、背わたを除いて殻をむく。

② 春巻きの皮をエビの長さに合わせて切り、エビに巻きつける。

③ フライパンに多めの油をひき、②をこんがりと焼く。

カリッとした春巻きの皮とプリプリの
エビの組み合わせが酒に合う

アレンジ

スイートチリソースやナンプラーを添えるとエスニック風に。スイートチリソースのほのかな甘さがエビの味を引き立てる。

ここはこうする！

頭から2～3節目の所から背わたを出して殻をむく。

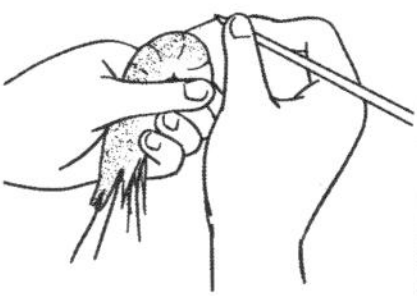

和風

レンコンのきんぴら

甘辛い味のからまったシャキシャキのレンコン

①レンコン小1節は、皮をむいてできるだけ薄く切る。

②レンコンを水で洗って水気をきり、ごま油大さじ1で透き通るまで炒める。

③しょう油、砂糖、塩各少々、だし汁1/4カップを加えて汁気がなくなるまで炒める。

少し歯ごたえが残るくらいに炒めるとおいしい

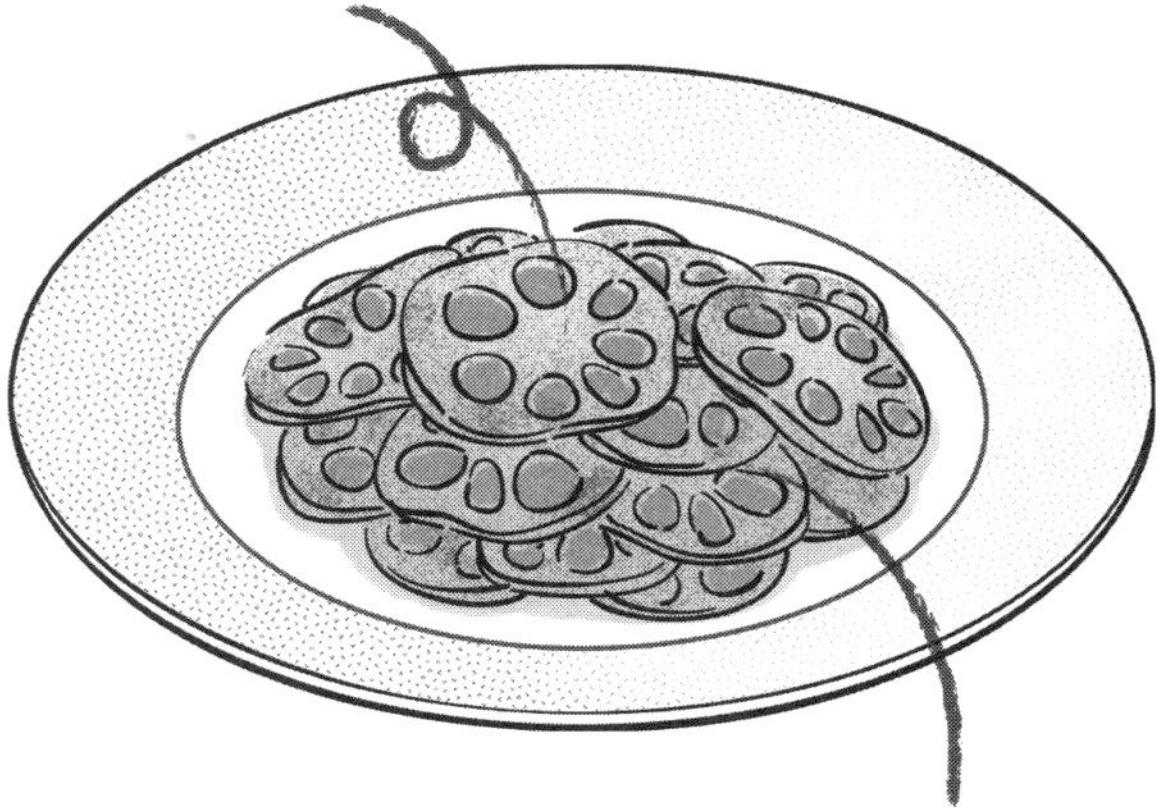

七味唐辛子をかけると味がピリッと引きしまる

アレンジ

七味唐辛子やごまをふりかけると、味に変化が出る。たっぷりのおかかをからませて旨味をプラスするのもいい。

ここはこうする!

レンコンは切ったらさっと水洗いをして、表面の白いデンプン質を洗い流す。すぐに使わないなら水に5～6分つけてアク抜きをしないと変色してしまう。

和風

ゴボウのみそ漬け

噛むごとにみその風味がしみ出る

① ゴボウ1/2本はタワシでこすって皮をむき、10センチの長さに切り、7～8分ゆでる。

② ビンなどでたたいてゴボウに割れ目を入れ、ボウルにあける。

③ みそをまぶして30～40分おく。食べるときはみそをしごきとって。

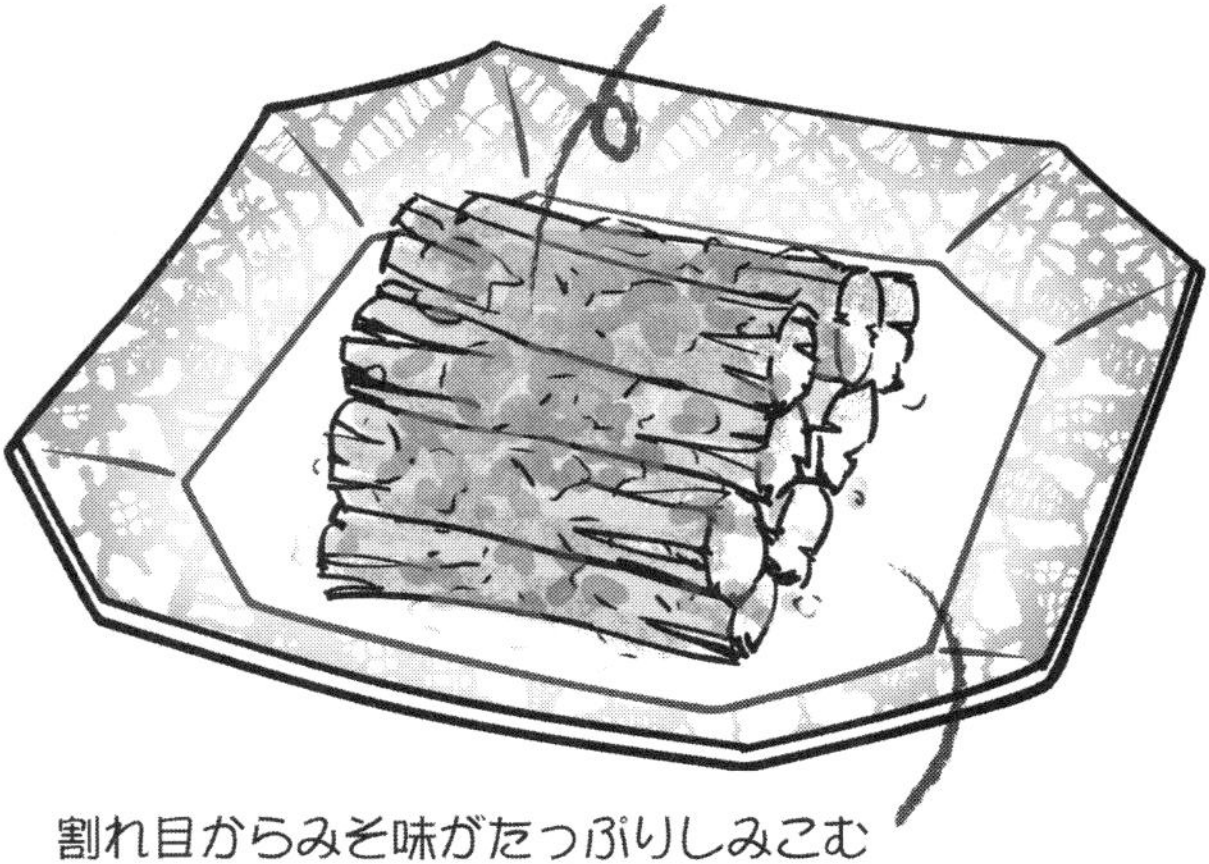
歯ごたえしっかり、味わい深いゴボウ
割れ目からみそ味がたっぷりしみこむ

アレンジ

辛味があるほうが好きという人は、みそに練り辛子を混ぜるとよい。ツーンと辛味がきいて、焼酎や日本酒にぴったり。

ここはこうする!

ゴボウはタワシで洗うと、泥と皮を同時に落とせる。

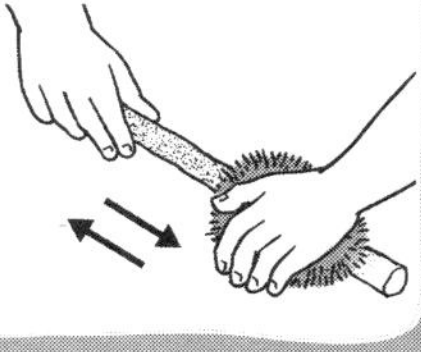

洋風

トマトベーコン

キンと冷えたトマトに熱々のベーコンをかけて

①トマトは輪切りにして皿に並べて冷蔵庫で冷やしておく。

②ベーコンを1センチ幅に切り、油少々をひいたフライパンでカリカリになるまで焼く。

③トマトの上にベーコンを油ごとかけ、塩、こしょうをふる。

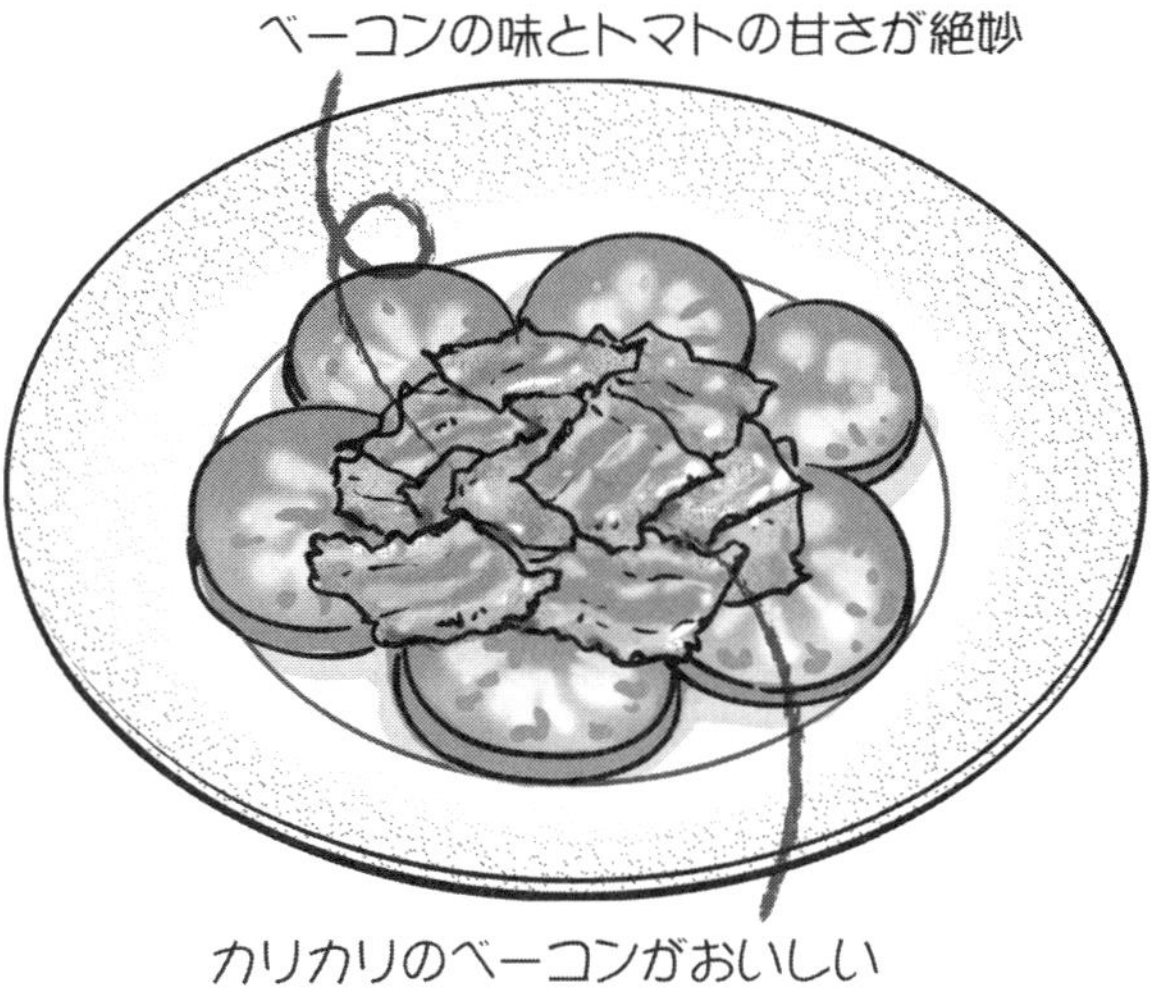
ベーコンの味とトマトの甘さが絶妙
カリカリのベーコンがおいしい

アレンジ

トマトをくし形に切って放射状に盛りつけると、大輪の花が咲いたようできれい。女性にもウケる。

もうひと手間!

刻んだニンニクをベーコンと一緒に炒めると風味が増す。仕上げにバジルをちぎってのせれば、イタリアンなひと皿に。

洋風

ナスのマリネ

本格的なマリネがフレンチドレッシングで驚くほど簡単に

①ナス1本は7～8ミリの厚さの輪切りにする。
②ナスをオリーブオイルでこんがりと焼き色がつくまで焼く。
③フレンチドレッシングで和えればできあがり。

ナスは油をよく吸収するのでオリーブオイルは多めに
フレンチドレッシングを使えば簡単にマリネの完成

アレンジ

オリーブオイルの代わりにごま油を使い、フレンチドレッシングの代わりに中華ドレッシングで和えると中華風のマリネに。

もうひと手間！

ナスはアク抜きをしてから調理するが、すぐに調理するときはしなくてもOK。スライスしたタマネギやオリーブも一緒に和えると、グンと風味がアップする。

和風

ナスの薬味酢

薬味をたっぷりのせてインパクトのあるおつまみに

①ナスはたてに6つに切る。

②ナスを多めのごま油でこんがりするまでフライパンで焼いて皿にとる。

③焼いたナスにポン酢をひたひたにかけ、ネギ、ショウガ、ニンニクのみじん切りをのせる。

ごま油で焼くから香ばしい
薬味はケチケチしないで山盛りにのせる

アレンジ

ポン酢は黒酢にしてもいいし、豆板醤を入れて辛味をプラスしてもいい。酢の量も好みで調整する。

もうひと手間！

ナスと一緒に、シシトウやオクラを丸ごと焼くと、味に変化がつくだけでなく彩りもきれいになる。シシトウは破裂しないように包丁で切れ目を入れておく。

アジア

クレソンナムル

韓国の代表的なお惣菜は、ネギとショウガの香りが決め手

①クレソンをゆでる。

②クレソンの水気をきり、4～5センチに切る。

③ネギ、ショウガのみじん切り、しょう油、砂糖、ごま油、一味唐辛子各少々で和える。

歯ごたえのあるクレソンをもりもり食べる
ほろ苦さが酒に合う

アレンジ

クレソンの代わりに、モヤシやニンジンの細切りをゆでて使っても。

もうひと手間！

クレソンは茎のほうからゆでて、葉のほうを入れたらすぐに冷水にとる。ごまやコチュジャンを加えると風味がアップするし、より本格的なナムルに。

アジア

焼きアスパラのガドガド風

ピーナッツ風味のタレで野菜がステキなおつまみに

① アスパラガス5本はこんがりと網で焼く。

② ピーナッツバター大さじ3に豆板醤、おろしニンニク、こしょう各少々を混ぜる。

③ ポン酢を少しずつ②に加えてトロリとさせ、アスパラガスに添える。

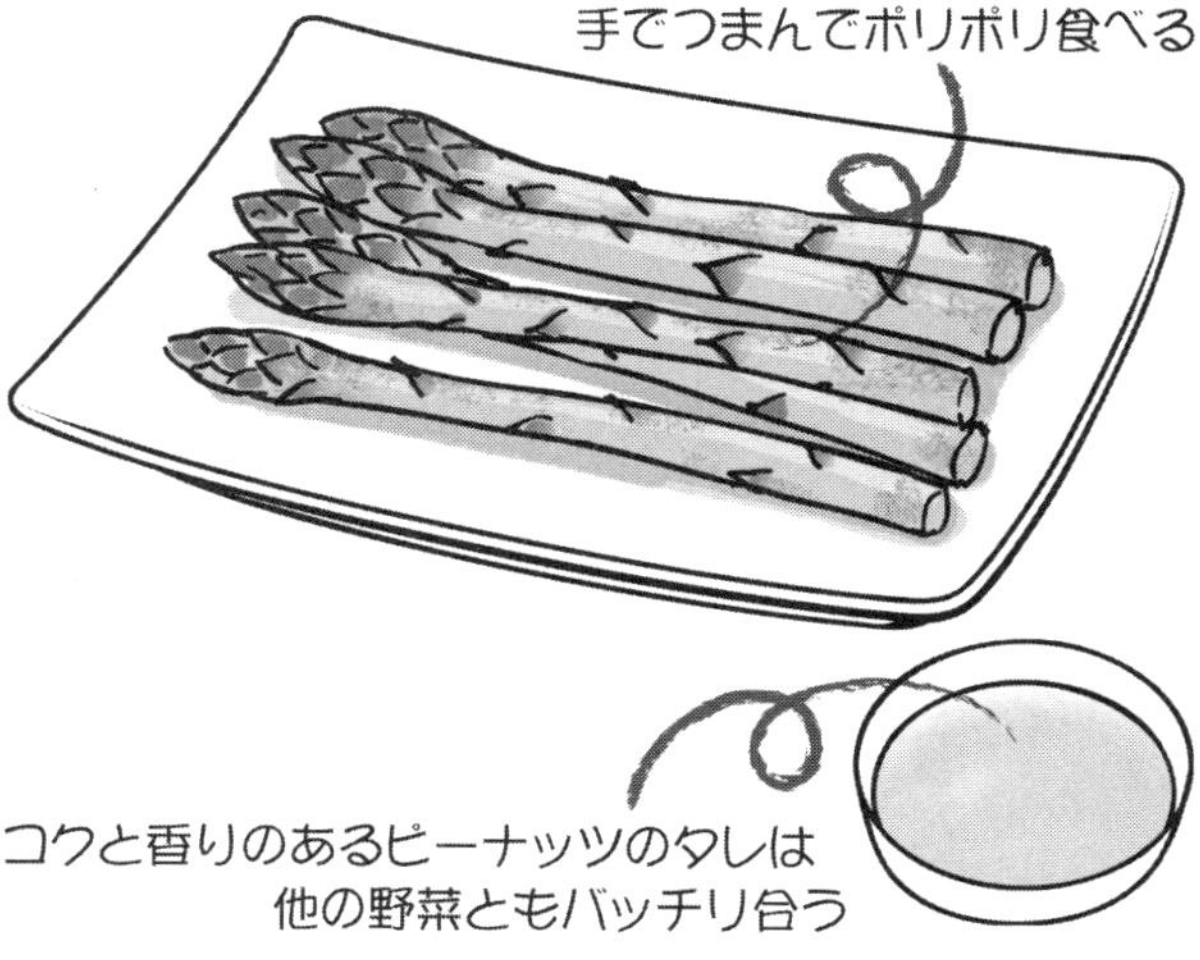
手でつまんでポリポリ食べる
コクと香りのあるピーナッツのタレは
他の野菜ともバッチリ合う

アレンジ

アスパラガスだけでなく、にんじん、インゲン、キャベツなどでもOK。ひと口大に切って、熱湯でさっとゆでてからタレで和える。

もうひと手間!

ピーナッツバターソースを温野菜にかけたインドネシア料理がガドガド。厚揚げを2センチ角に切り、アスパラとピックに刺してもいい。

洋風

ラタトゥイユ

ワインにぴったりの柔らかい野菜の蒸し煮

①ナス、キュウリ、タマネギは1センチ角に切る。

②①をオリーブオイルでしんなりするまで炒め、トマトの角切りを入れる。

③蓋をして弱火で柔らかくなるまで蒸し煮にし、塩で調味する。

できたてはもちろん、冷蔵庫で冷やしてもOK
柔らかいトマトがおいしい

アレンジ

たくさん作っておけば、翌日の朝食のおかずにもなる。また、パスタにかけてもおいしい。

ここはこうする!

ニンニクや好みのハーブ（バジル、ディルなど）を入れると香りがよくなり、冷めてもおいしい。

洋風

ガーリックトースト

ニンニクが香るパリッとしたバゲット

①バゲットを薄く切る。

②生のニンニクを半分に切って、断面をバゲットの表面にこすりつける。

③オーブントースターでこんがり焼き色がつくまで焼き、バターを塗る。

バゲットのサクサク感がたまらない
ニンニクとバターの香りがなんともいえない

アレンジ

アンチョビのみじん切りをのせて焼いたり、仕上げにパセリのみじん切りをのせると、いっそう風味がアップ。

ここはこうする!

生のニンニクは、油断するとひからびることもある。チューブ入りのニンニクを買っておけば、ガーリックトーストのときもさっと塗るだけなので手軽。

■調味料にはこだわりたい

調味料しだいで料理のレパートリーはグンと広がる

同じ素材で作ったメニューでも、仕上げの調味料しだいで全体の味ががらりと変わってしまう。上手に使えば本格シェフの味に近づける。

●オリーブオイル…バージンオイルを調味料として使いたい。酢と混ぜて塩、こしょうを加えればドレッシングにもなる。香りが命なのでできるだけ小ビンを買って早めに使いきる。

●ナンプラー…魚を発酵させて作った調味料。タイでは日本のしょう油のように頻繁に使う。エスニック料理には欠かせない調味料。

●スイートチリソース…唐辛子ベースの調味料。ほのかな甘味があって食べやすい。春巻きのつけダレにしたり、鶏の唐揚げにつけてもおいしい。

●ワインビネガー…ワインから作られる酢で、一般の穀物酢よりも香りが強い。マリネやドレッシングに使うと、深みのある香りがでる。

●ラー油…ギョーザでよく使われる調味料だが、中華風の炒め物や和え物に使ってもおいしい。

とっておきの一品

本格的な一品料理でちょっと豪華に。和洋中からエスニックまで味はいろいろ。お酒に合わせてチョイスして。

和風

アサリの酒蒸し

殻ごと蒸してアサリの旨味をたっぷり引き出す

① フライパンにニンニクとショウガの薄切りを入れ、ごま油大さじ1で炒める。

② ①に砂出ししたアサリを殻ごと入れ、酒大さじ1をふりかけ蓋をする。

③ アサリの殻が開くまで、そのまま中火で蒸し焼きにする。

シンプル料理で磯の味を堪能
ごま油の香りがポイント

アレンジ

ラー油や黒酢などクセのある調味料をかけると、がらりと違う風味が楽しめる。また、日本酒の代わりに白ワインを使ってもおいしい。

ここはこうする!

アサリは水1カップに塩小さじ1を入れた塩水につけて砂出しする。ひと晩つけておくのが理想だが、帰宅してからアサリを使うまでつけておくだけでもいい。

和風

ウニ卵

半熟卵と練りウニのトロ～リ感がたまらない！

① ビン詰の練りウニ大さじ1と溶いた卵2個に、しょう油、みりん各少々を混ぜる。

② 油をひいたフライパンを中火にかけ、①を流し入れる。

③ 混ぜながら卵が半熟になったら火を止める。

ウニ風味でちょっぴりリッチ
火を止めたらすぐ盛りつけないと固まってしまう

アレンジ

練りウニの代わりに、明太子を使ってもいい。その場合、スプーンを使って腹から卵をしごき出してから、卵と混ぜる。

もう ひと手間!

半熟ではなく、そのままポロポロになるまで弱火で炒り、青のりやごまを混ぜるとおいしいふりかけになる。生野菜のサラダのトッピングにもいい。

和風

キンメの煮つけ

日本酒にぴったりの照りのある煮つけ

① 鍋に湯、酒各1/2カップ、しょう油大さじ1、みりん小さじ1を入れて煮立てる。

② キンメダイ1切れを①に入れる。

③ 強火で15分煮る。

しょう油とみりんでしっかり甘辛味に
ネギやショウガがあると香りが断然違う

アレンジ

ダイコンおろしを入れてさっと煮ると、さっぱりとしたみぞれ煮に。

もうひと手間!

ショウガの薄切りや、長ネギの斜め切りを一緒に入れて煮ると、キンメダイの臭みも抜けて、よりおいしく仕上がる。

和風

ブリの照り焼き

オーブントースターなら照り焼きも手間いらず

①ブリ1切れを食べやすい大きさに切る。

②①にみりん、しょう油、酒各大さじ1/2をからめて30分おく。

③アルミホイルの上にのせ、オーブントースターでこんがりと焼く。

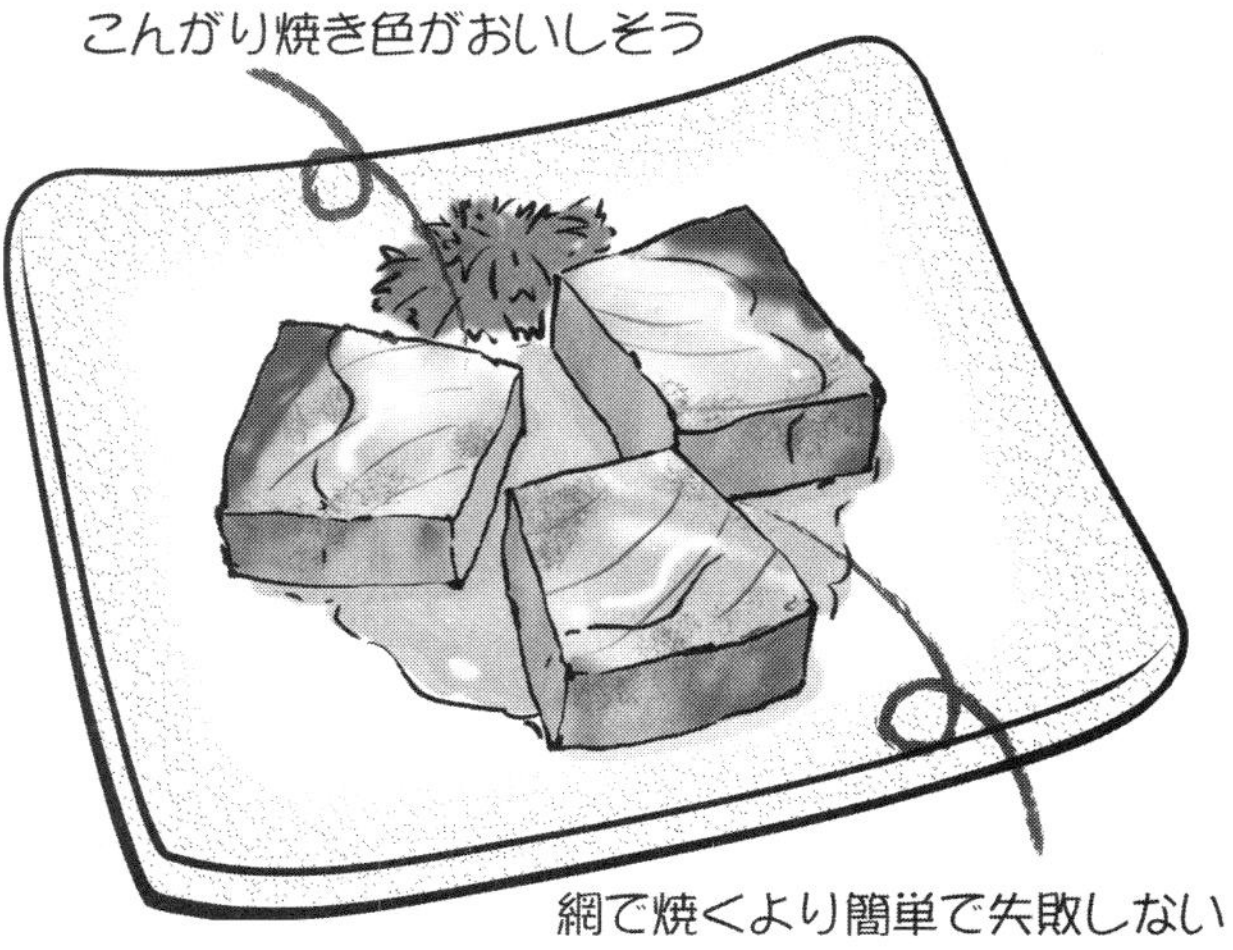
こんがり焼き色がおいしそう
網で焼くより簡単で失敗しない

アレンジ

漬け汁にカレー粉少々を加えると、カレー風味の照り焼きになる。

もうひと手間!

焼いている途中で漬け汁を塗ると味がしみておいしくなる。ダイコンおろしや、すだちを添えれば、よりいっそうブリの風味が引き立つ。

和風

サバのみそ煮

即席みそ汁で超簡単に「おふくろの味」が完成

① 鍋に即席みそ汁（生みそタイプで、具があまり入っていないもの）2人分をあける。

② 湯、酒各1/2カップ、砂糖大さじ2を加えて火にかけて煮立てる。

③ 食べやすい大きさに切ったサバを入れて汁気が少なくなるまで煮る。

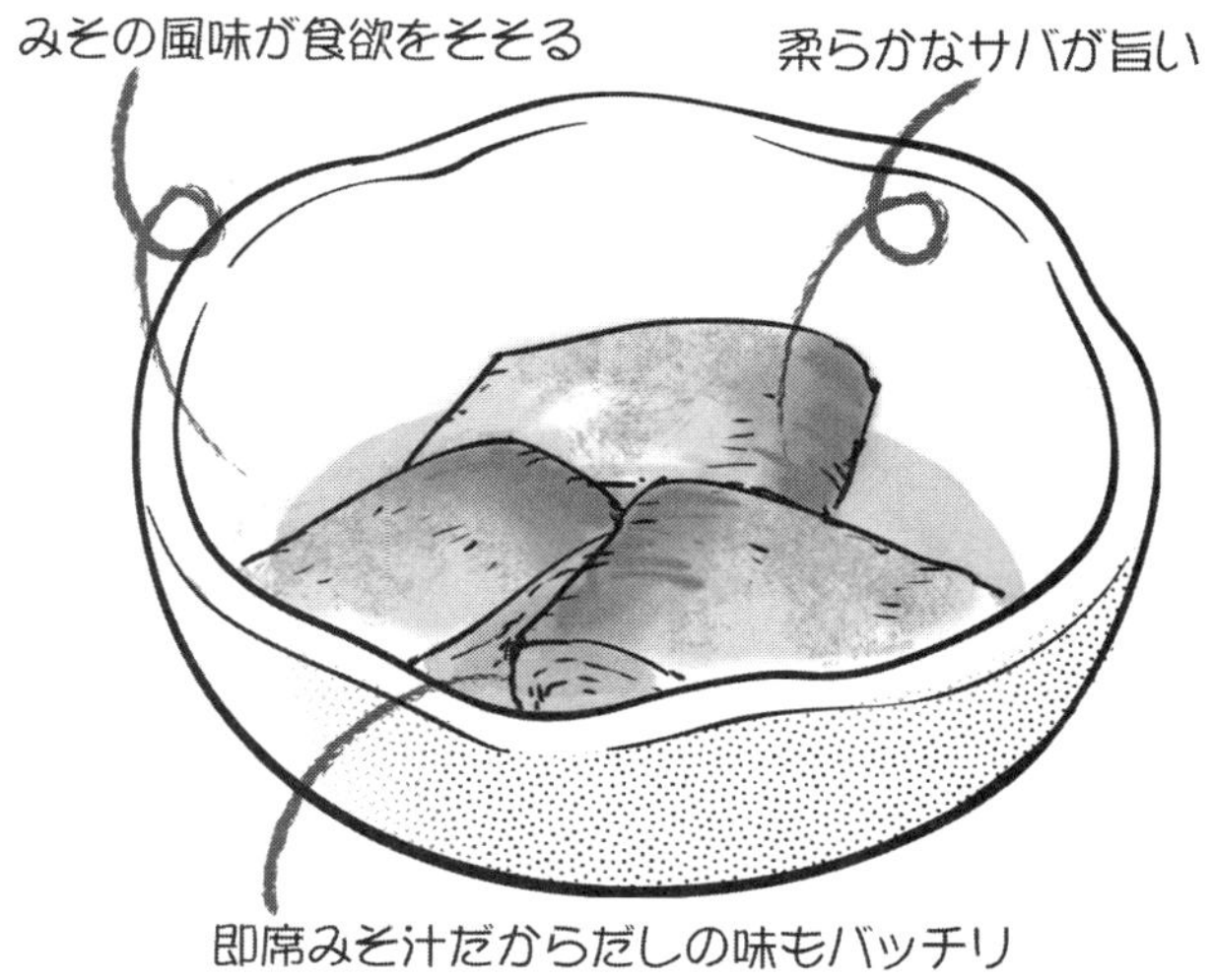
みその風味が食欲をそそる
柔らかなサバが旨い
即席みそ汁だからだしの味もバッチリ

アレンジ

ハクサイキムチを入れて一緒に煮ると、ピリ辛の韓国風味に。サバだけでなく、みそ味がしみこんだハクサイも美味。

もうひと手間!

3～4センチに切った長ネギや、ほぐしたシメジも煮るとみそ味がしみこんでおいしい。ショウガのせん切りを添えれば本格的なサバのみそ煮に。

洋風

アクアパッツァ風

イタリア風の魚料理はキリリと冷やした白ワインにぴったり

①つぶしたニンニク1片、唐辛子1本をオリーブオイルで炒める。

②魚2切れを入れて焼き、ひたひたの水、刻んだトマト1個、アンチョビ1枚を加える。

③蓋をして蒸し煮にし、魚に火が通ったら塩をふる。

蒸し焼きだから魚がおいしい
アンチョビのしょっぱさがたまらない

アレンジ

イタリアンパセリを刻んでたっぷりかけると、より本格的。イタリアンパセリは、パセリよりも柔らかな香りが特徴。

ここはこうする!

アクアパッツァは魚介類を水煮したもの。魚はタイやキンメダイ、アジなどが向いている。魚だけでなく、アサリなどの貝類を加えるとだしが出ておいしい。

洋風

ビーフストロガノフ

ロシア風のごちそうメニューは赤ワインにバッチリ

① 牛こま切れ肉２００グラムを、バター大さじ２で炒める。

② つぶしたニンニク１片、タマネギの薄切り$\frac{1}{2}$個分を加えて炒める。

③ 生クリーム１カップを加えて煮つめ、とろりとしたら塩、こしょうで調味する。

簡単に作れて超クリーミー
炒めたタマネギもおいしい

アレンジ

牛肉の代わりに豚こま切れ肉でもOK。牛肉よりも、豚こま切れ肉のほうがずっとリーズナブル。

もうひと手間!

マッシュルームの薄切りを加えると、味により深みが出る。生クリームの代わりにサワークリームを使うと本格的な味になる。

洋風

ベーコンとダイコンの洋風煮

ベーコンの旨味をたっぷり含んだダイコンに舌鼓

① 5ミリ幅の輪切りにしたダイコン4～5枚と、細切りのベーコン2枚分を鍋に入れる。

② ひたひたになるまで湯を入れて火にかける。

③ ダイコンが柔らかくなったら塩、こしょうで味をつける。

ダイコンは薄く切るから短時間で味がしみる
ベーコンがおいしいスープに

アレンジ

ベーコンの代わりにホタテの缶詰を汁ごと入れると、ホタテの香りがただよう豪華な煮物になる。

もうひと手間！

スライスしたニンニクを一緒に煮ると香りがよくなる。また、ダイコンの食感を楽しみたいときは厚めに切り、十字に切りこみを入れて煮るとよい。

洋風

ソーセージのトマト煮

甘酸っぱい香りがテーブルいっぱいに広がる

①トマトジュース1カップとソーセージ3～4本を鍋に入れる。

②①を火にかけて、ジュースがとろりとするまで煮つめる。

③塩、こしょう、砂糖各少々で味をととのえる。

弱火でグツグツ煮て濃厚な仕上がりに
ソーセージはフランクフルトでもおいしい

アレンジ

耐熱皿に入れ、ピザ用チーズをたっぷりのせてオーブントースターで焼いてグラタン風に。

もう ひと手間!

トマト1個をざく切りにして一緒に煮ると、フレッシュな香りがただよって贅沢な仕上がりに。ソーセージはフライパンで焼いてから煮ると風味が増す。

中華

豚肉のザーサイ蒸し

ザーサイの味がしみこんだ豚肉が絶品

①耐熱皿に豚こま切れ肉１００グラムを並べ、みじん切りにしたザーサイ50グラムをふりかける。

②ごま油、こしょう、オイスターソース各少々を合わせてかける。

③ラップをかけて電子レンジで3分加熱する。

豚肉の旨味をザーサイが引き出す
オイスターソースが隠し味

アレンジ

豚肉の代わりに鶏肉や白身魚を使ってもおいしい。塩味のきいたザーサイの味がしみこんで、意外な味を発見できそう。

もうひと手間!

ハクサイやキャベツなどの野菜を下にしくと、蒸し汁を吸っておいしくなり、緑色が映えて見た目にもきれいになる。

中華

ニラ玉

手早く作って、ふんわりとした半熟卵を味わう

①ニラ1/2束は2センチくらいに切ってサラダ油大さじ1で炒める。

②ニラがしんなりしたら、塩、こしょうをふる。

③卵2個を溶きほぐして流し入れ、半熟状態で火からおろす。

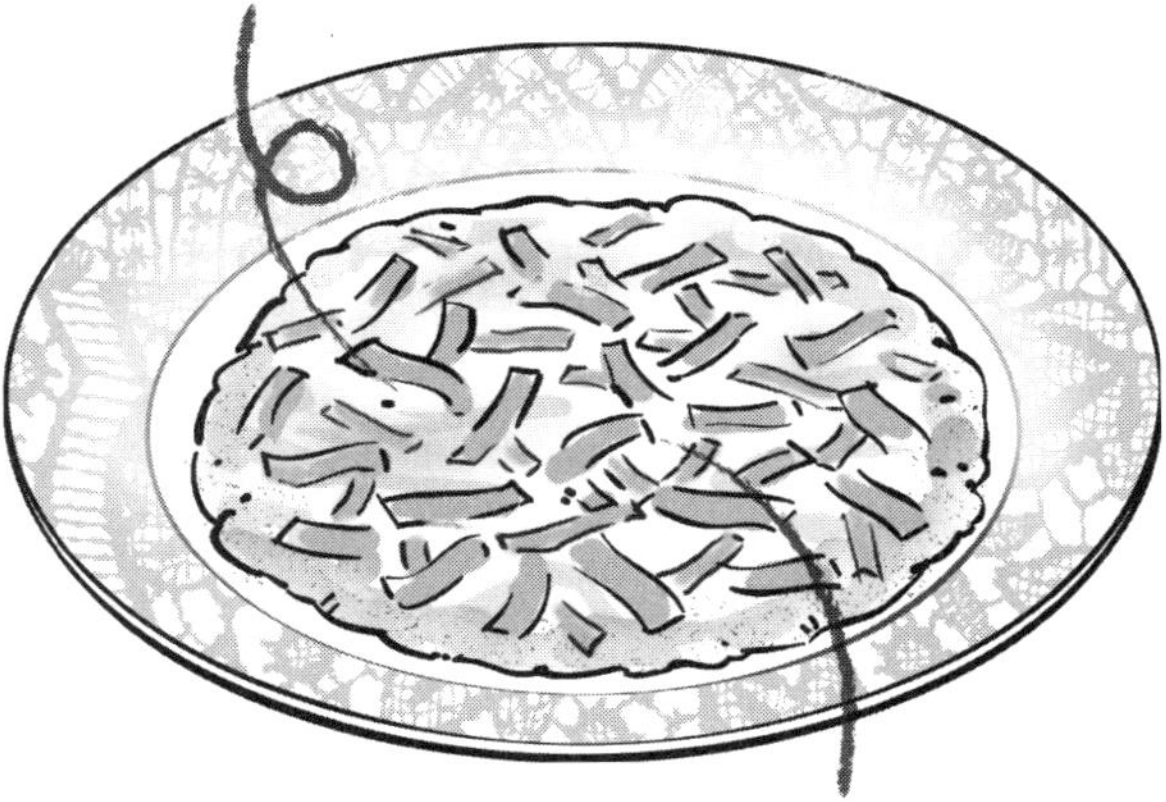
黄色と緑のコントラストが目にも鮮やか
まろやかな卵とクセのあるニラの味がよく合う

アレンジ

卵にツナを入れてもおいしい。カニかまぼこを入れると豪華なカニ玉風に。本物のカニのほぐし身を入れると高級料理店のような味に。

ここはこうする!

半熟で仕上げるコツは、卵を流し入れたら大きく混ぜ、ジュクジュクのうちに火を止めてさっと皿に盛りつける。

アジア

チヂミ

韓国料理でおなじみのボリュームある一品

① 卵2個を溶き、そこに1センチに刻んだニラ$\frac{1}{2}$束とアサリの缶詰を混ぜる。

② フライパンに油を熱し、①を小さな丸型に両面焼く。

③ ポン酢大さじ3にコチュジャン小さじ1、長ネギとニンニクのみじん切り少々を混ぜたタレを添える。

卵とアサリの味がベストマッチ
ピリ辛のタレをつけて

アレンジ

大きな丸型に焼いてから、お好み焼きのように小さく切ってもいい。大勢の人が集まるときに手軽にできるおつまみとしてgood。

もう ひと手間!

ニンジンの細切りやワカメのみじん切りを入れると、味に深みが出ておいしい。キムチを加えればキムチチヂミに、カキやイカを加えれば海鮮チヂミになる。

アジア

エスニックオムレツ

ニンニクと唐辛子をきかせたスパイシーなオムレツ

① 牛ひき肉50グラムにしょう油、砂糖各大さじ1、刻みニンニク、唐辛子少々を入れてよく混ぜる。

② 卵2個を溶きほぐして①に加える。

③ 多めの油をひいて熱したフライパンで、薄く平らに両面をこんがり焼く。

火加減に注意して中がふんわりとしたオムレツに

アレンジ

牛ひき肉の代わりにニンジンを細かく切って混ぜるとオレンジ色に、ニラを細かく切って混ぜると緑色に。牛ひき肉入りと加えて三色オムレツにしても楽しい。

もうひと手間！

刻んだ青ジソやスイートチリソースを添えても。スイートチリソースは生春巻きのタレによく使われているもの。甘味の中に辛さがある。

アジア

サバのココナッツミルク煮

ココナッツミルクを使ってエスニックの屋台風の味を再現

①サバの水煮缶を鍋にあける。

②ココナッツミルク１５０ccを入れて火にかける。

③煮立ったらナンプラー大さじ1、砂糖大さじ1、すりおろしたニンニク少々で調味し、刻んだ香菜を入れる。

ココナッツミルクの独特の風味がおいしい
香菜とナンプラーは欠かせない

アレンジ

豆板醤やカレー粉などを入れてピリ辛味にしてもいい。こってりとしたココナッツミルクに、スパイスをきかせるとメリハリのある味になる。

ここはこうする!

香菜（パクチー）は好みがあるので量は調節する。ココナッツミルクが余ったら、焼酎で割って黒糖少々で甘味をつけ、カクテルとして楽しめる。

■健康的なおつまみの選び方

油物や炭水化物を控えるとヘルシーなおつまみになる

おつまみがあると酒もおいしく飲める。しかし、おつまみにはそれ以外の効果もある。おつまみを食べながら飲むと、アルコールが胃腸の粘膜を直接刺激することが少なくなり、またアルコールもゆっくり吸収されるので肝臓への負担が少なくなる。

ただし、おつまみを食べ過ぎると、食材によってはカロリーの取りすぎとなり、肥満に直結するので要注意。健康を考えるのならできるだけ油っぽいものや炭水化物（ごはん、そば、うどんなど）の含まれたおつまみは避けたい。これらはアルコールを多めに摂取すると、肝臓の中に脂肪としてどんどん蓄えられてしまう。

反対に積極的に食べたいおつまみは、良質のたんぱく質（豆腐、納豆など豆類、チーズ、脂身の少ない肉）が含まれたもの。また、肝臓を守ってくれるビタミンやミネラルを含んだ野菜、果物、海藻なども健康にいい。素材を選んだおつまみでじょうずに酒とつき合いたい。

サラダ

卵やツナを使った定番のサラダに加え、お酒に合うアレンジメニューが盛りだくさん。たっぷりといただこう。

和風

しんなりダイコンサラダ

ごま油と粉山椒の風味がダイコンとベストマッチ

①　ダイコン5センチは細切りにする。

②　①を塩水につけてしんなりとさせたら、水気を絞る。

③　ごま油、粉山椒、酢各少々で和えて味をととのえる。

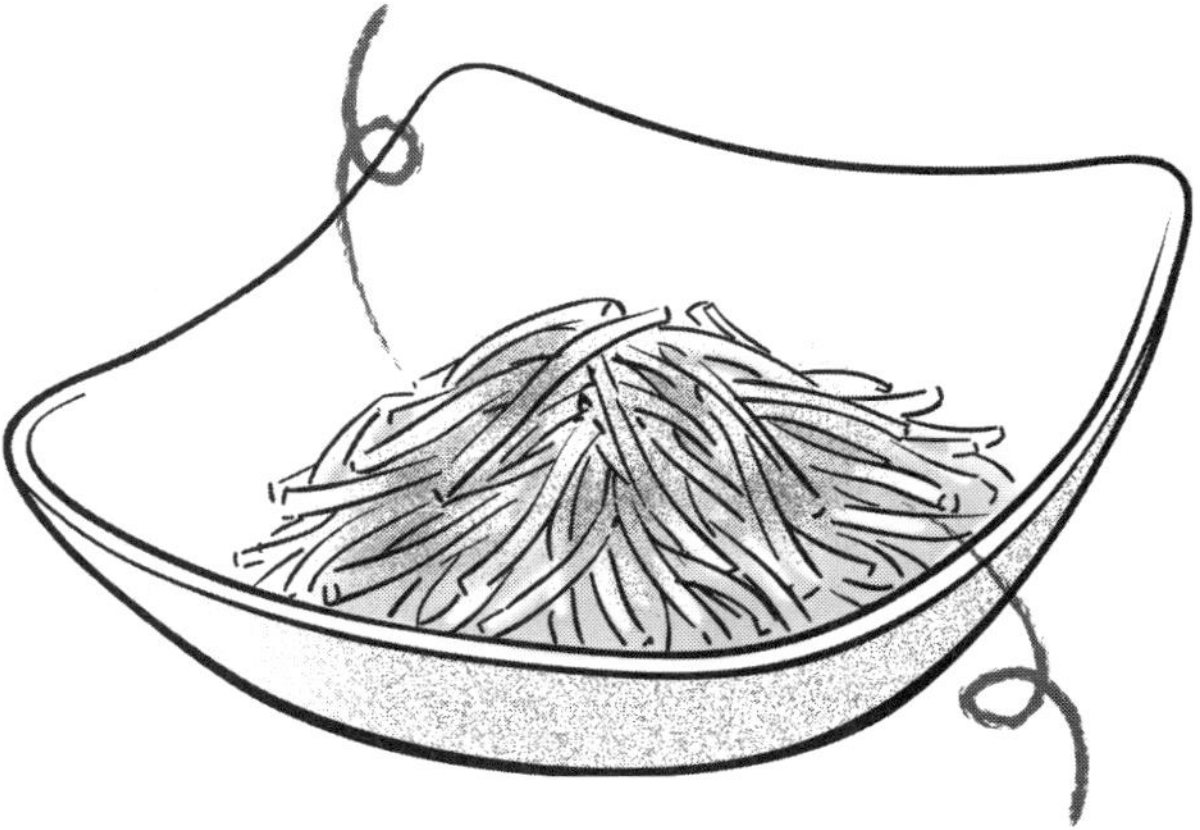
粉山椒がピリリと上品な刺激をプラス
しんなりサラダでダイコンをモリモリ食べよう

アレンジ

ダイコンをできるだけ細く切り、冷水にしばらくつけてパリッとさせると、パリパリと歯ごたえのあるサラダになる。

ここはこうする!

細切りとは、材料をマッチ棒くらいの太さに切りそろえること。なお、せん切りはそれよりもっと細く切ることをいう。

洋風

トマトチーズサラダ

イタリアンでおなじみのカプレーゼサラダでおしゃれに

① トマト1個、モッツァレラチーズ1人分を輪切りにする。

② トマト、チーズが交互に並ぶように皿に盛りつける。

③ 塩、こしょう、オリーブオイルをかける。

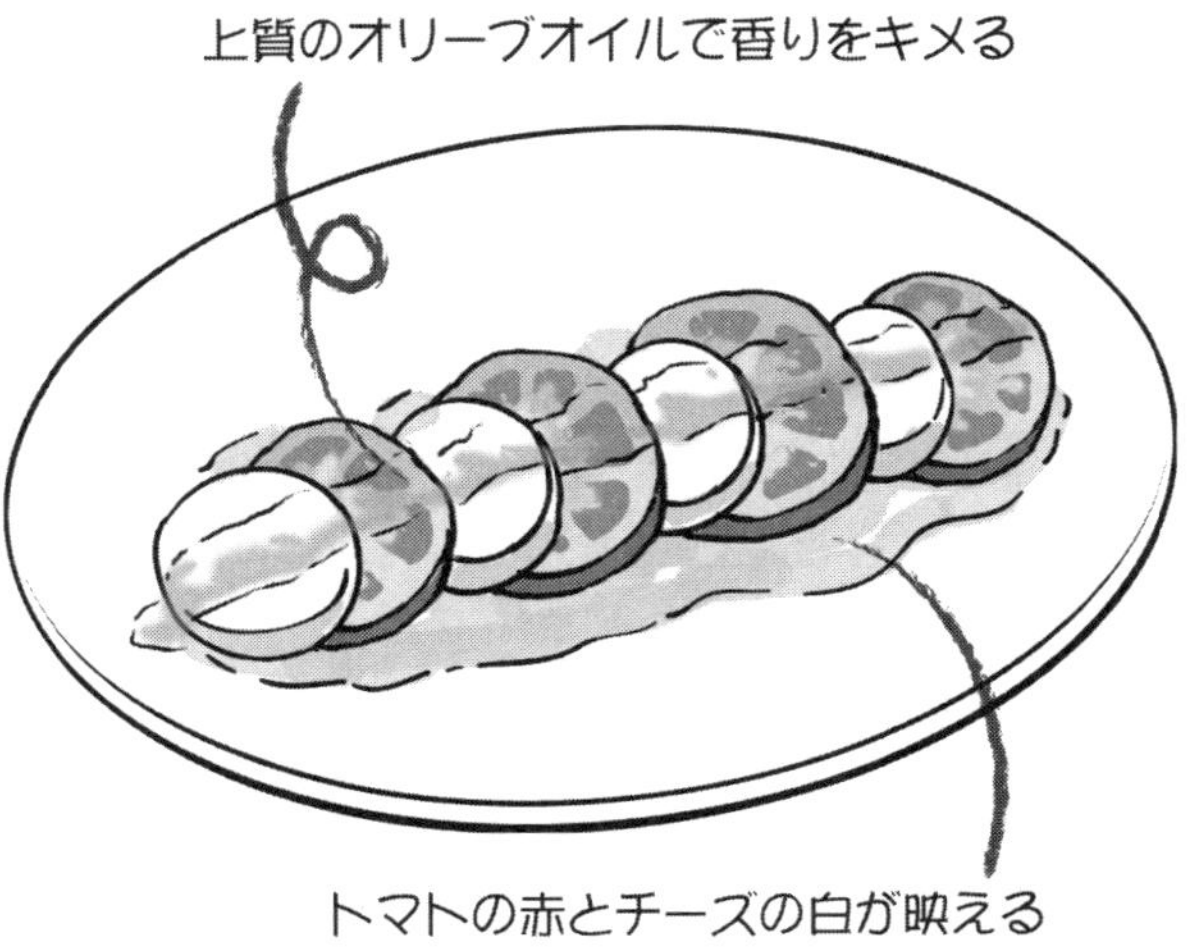
上質のオリーブオイルで香りをキメる
トマトの赤とチーズの白が映える

アレンジ

モッツァレラチーズの代わりに水きりをした豆腐の薄切りを使うと、見た目は似ているけれどひと味違ったユニークなサラダに。

もう ひと手間!

青ジソやバジルをちぎってのせたり、アサツキの小口切りをふってもよい。切って盛りつけるだけの簡単な料理だが、来客のもてなしにもなるおしゃれな一品。

和風

ゴボウサラダ

みそ入りマヨネーズがゆでたゴボウと好相性

① タワシでこすり皮をむいたゴボウ1/2本を細切りにし、7〜8分ゆでる。

② ちくわ少々を薄切りにする。

③ ゴボウとちくわを、マヨネーズ大さじ3とみそ大さじ1で和える。

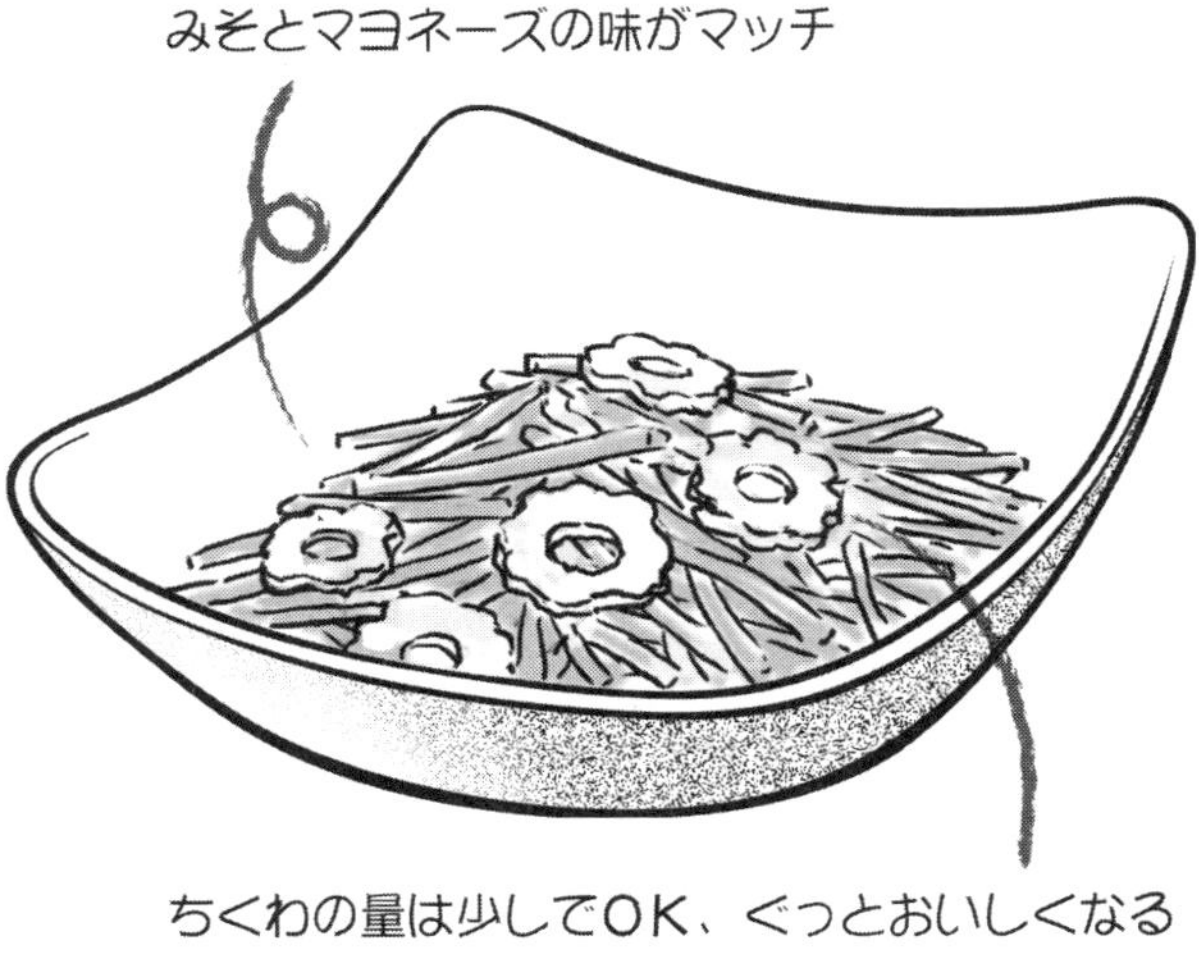
みそとマヨネーズの味がマッチ
ちくわの量は少しでOK、ぐっとおいしくなる

アレンジ

ちくわの代わりにさつま揚げでもいい。熱湯をさっとかけて余分な油を落としてから、細切りにして使う。

もうひと手間!

ゴボウは細切りにしたあと、水につけてしっかりとアク抜きをする。マヨネーズにおろしショウガや練り辛子を入れると味がピリッと引きしまる。

和風

カボチャのサラダ

カボチャの甘味と黒酢の酸味がマッチした簡単おつまみ

①カボチャ200グラムは種とわたを取り除く。

②ラップで包んで電子レンジで4～5分加熱し、柔らかくなったらフォークでつぶす。

③ごま油大さじ1、黒酢大さじ2、こしょう少々を混ぜて調味する。

コクのある黒酢がアクセント
カボチャの黄色が鮮やか

アレンジ

おろしニンニクや小口切りにした万能ネギを入れるとぐっと風味が増す。カボチャは甘くて苦手という人も、ぜひ試してみよう。

ここはこうする!

カボチャはゆでるより、電子レンジのほうがずっと手軽。

洋風

コンビーフのサラダ

コンビーフとタマネギがベストマッチ

①コンビーフは1センチ角に切る。

②スライスしたタマネギとキュウリ各少々をコンビーフに加える。

③②をマヨネーズで和える。

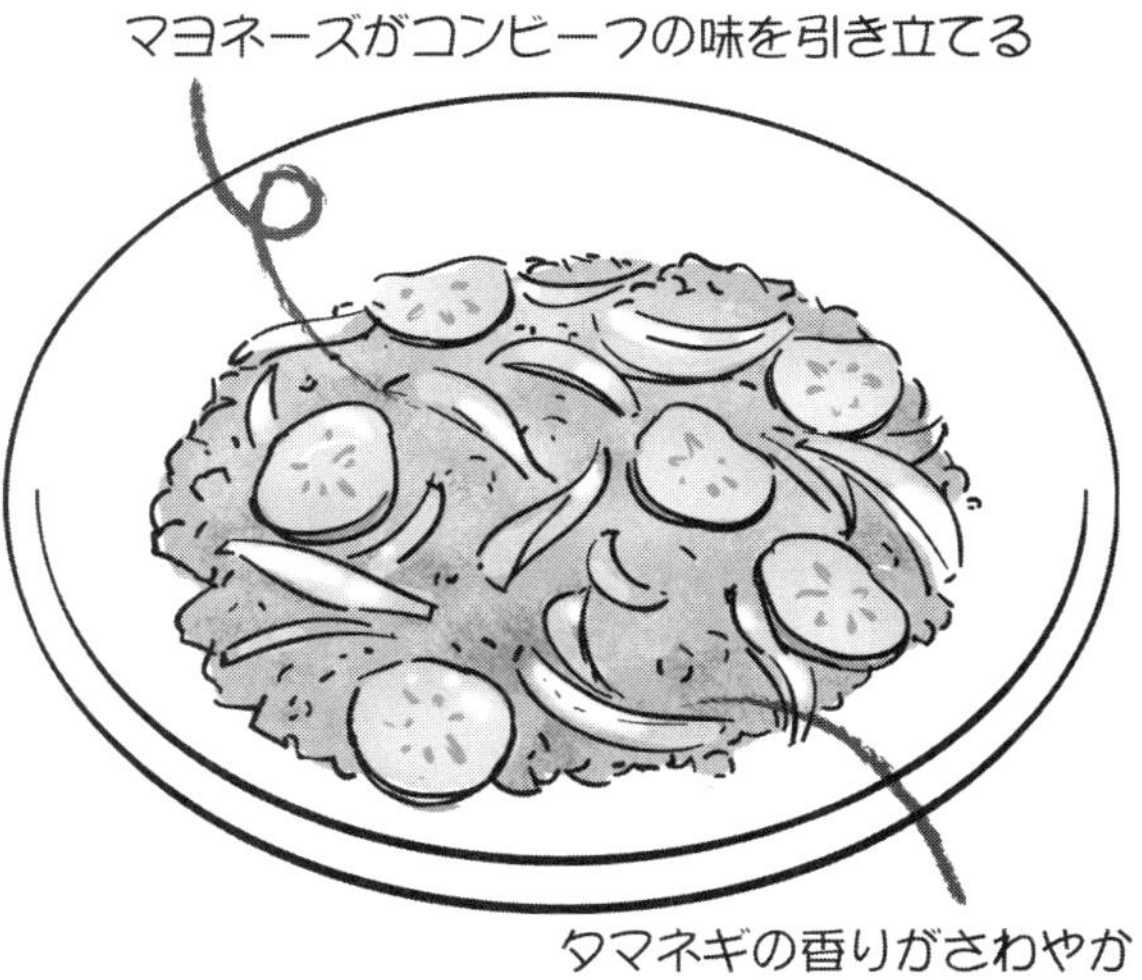
マヨネーズがコンビーフの味を引き立てる
タマネギの香りがさわやか

サラダ

アレンジ

好みで粒マスタードを加えてマイルドな辛味をプラスしてもおいしい。コンビーフと粒マスタードは味の相性がいい。

もうひと手間！

春巻きの具にしてもおいしい。春巻きの皮に包み、フライパンに多めの油を入れ、揚げるような感じで色よく焼く。

洋 風

ツナサラダ

ツナ缶があればササッと作れる超人気のサラダ

①ツナ缶1缶は汁気をきってよくほぐす。

②マヨネーズ大さじ4〜5にニンニク、パセリのみじん切りを混ぜる。

③レモン汁、塩、こしょう各少々で味をととのえる。

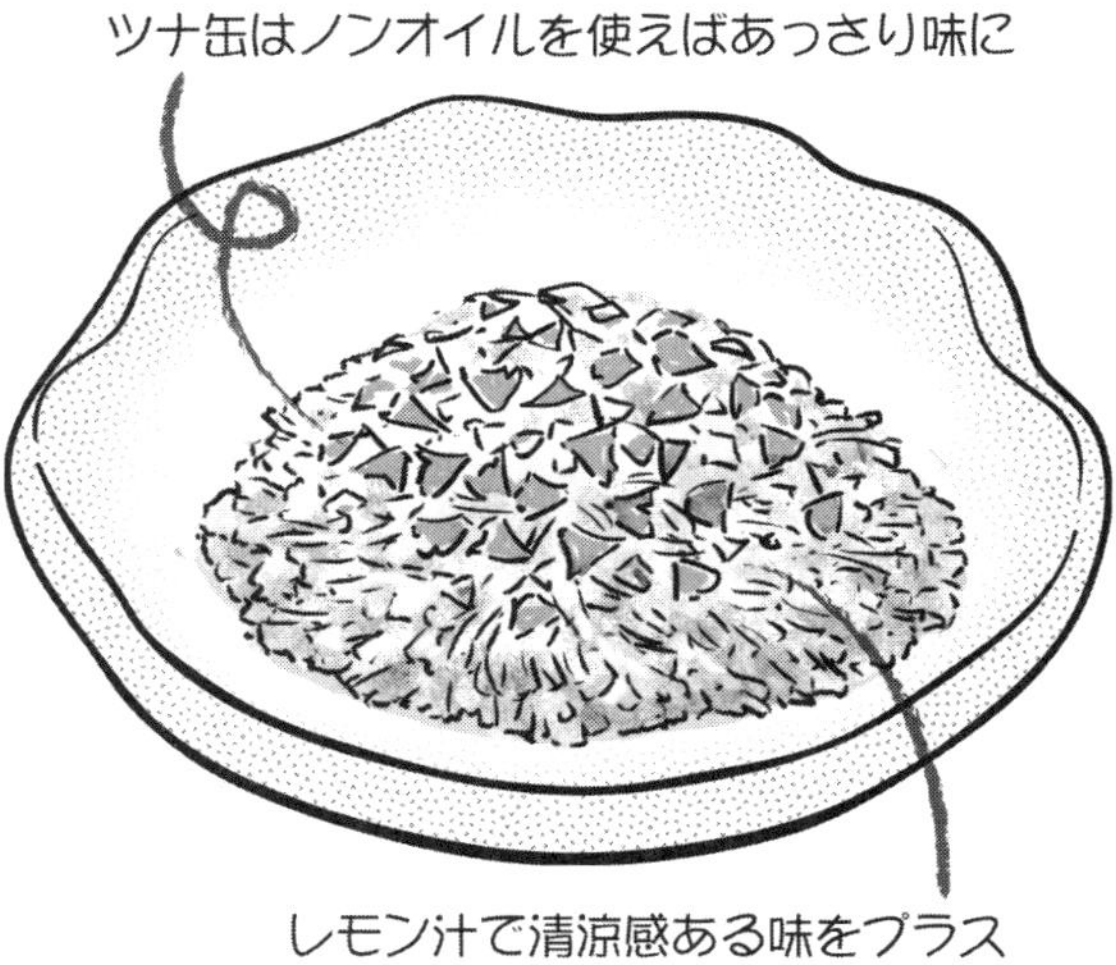
ツナ缶はノンオイルを使えばあっさり味に
レモン汁で清涼感ある味をプラス

アレンジ

薄切りのバゲットにのせて粉チーズをふって焼くと、おしゃれなオードブル風に。ひと口大に切ったサンドイッチパンにのせてもいい。

もうひと手間！

みじん切りにしたタマネギやピクルス、オリーブを入れると、香りもおいしさもアップする。

洋風

卵サラダ

卵好きにはたまらない！　ボリュームたっぷりの定番サラダ

①ゆで卵2～3個はフォークでつぶす。

②タマネギ、ハム、ピクルス各少々は、それぞれみじん切りにする。

③全部をマヨネーズ大さじ4～5で和える。

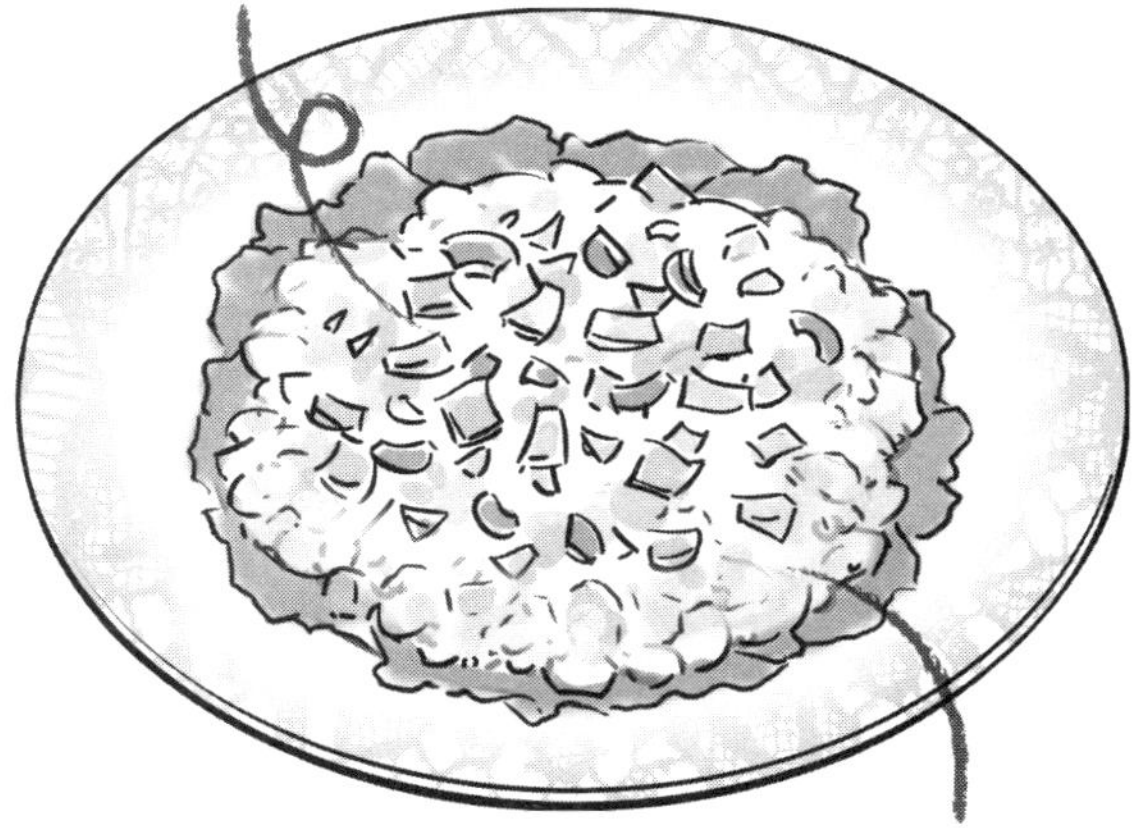
卵＆マヨネーズは黄金コンビ
ゆで卵はフォークでザクザクと粗めにつぶせばOK

アレンジ

ハムの代わりにほぐしたツナ缶でもおいしい。これなら常備できるから、人気の卵サラダをいつでも作ることができる。

ここはこうする！

固ゆで卵の作り方。鍋に卵と卵がかぶるくらいの水を入れ、酢と塩を少々加える。強火にかけ、沸騰したら弱火にして12分ゆでる。

洋風

タコのサラダ

焼酎にも合う刺身用のタコで作る洋風サラダ

① ゆでダコの足2本はそぎ切りにする。

② ①に粒マスタード大さじ2、オリーブオイル少々を加える。

③ 味がなじめばできあがり。

粒マスタードの辛さがゆでダコを引き立てる

アレンジ

オリーブオイルの代わりにオイスターソース少々を加えると、中華風でコクのある味わいに。

もうひと手間！

ちぎったレタスやスライスしたタマネギ、バジルなどと一緒にさっと混ぜると、いっそうサラダっぽくなる。

中華

蒸し鶏サラダ

ささみを使ったあっさり味のバンバンジーサラダ

①ささみ2本は熱湯でゆで、細かく裂く。

②キュウリ2本を細切りにして、ささみをのせる。

③ごま油、塩、こしょう、粉山椒各少々をかける。

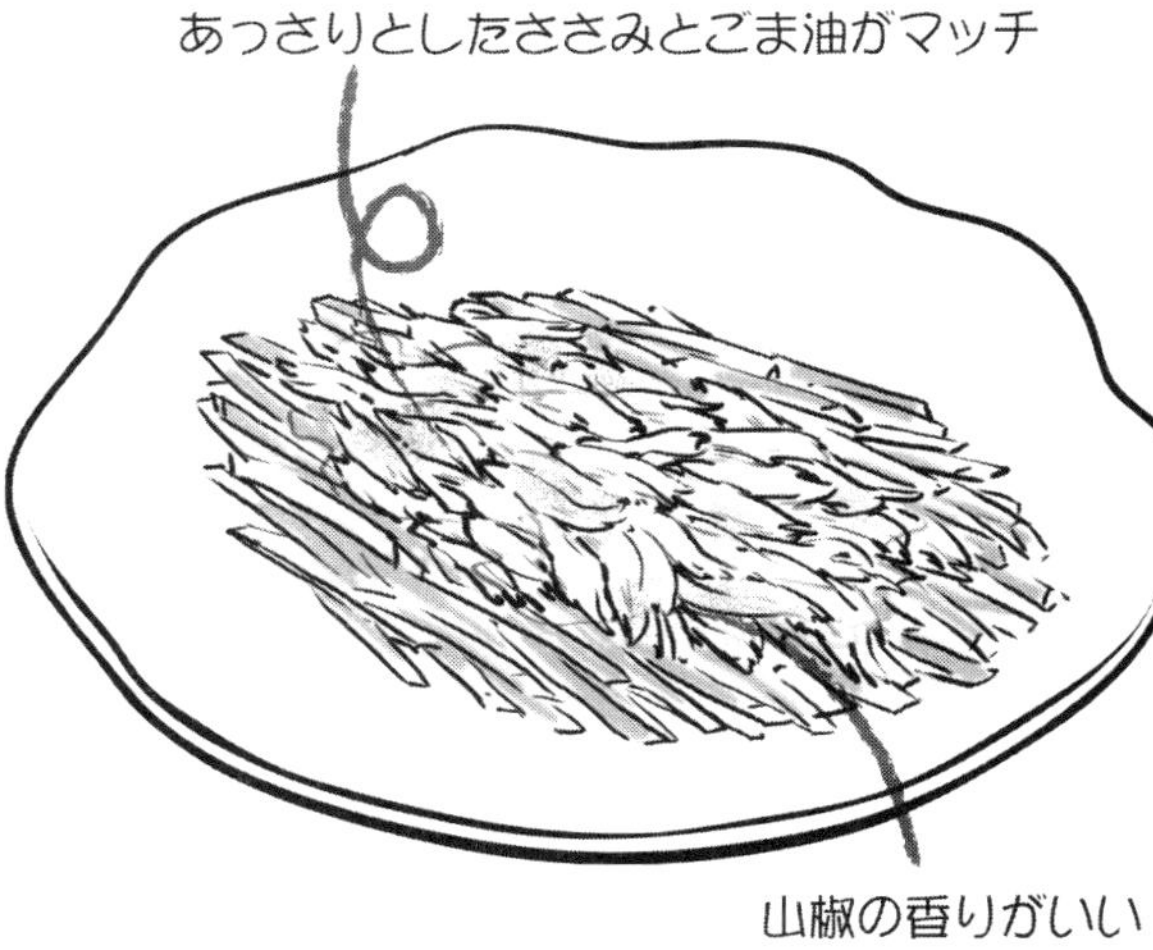
あっさりとしたささみとごま油がマッチ
山椒の香りがいい

アレンジ

ごまダレや中華ドレッシングなど好みのタレをかけてみよう。ノンオイルドレッシングを使えばカロリーが抑えられてヘルシーに。

ここはこうする!

鶏ささみ肉を買うときは、「スジなし」と表示されているものを買ったほうがいい。スジ取りの手間が省けて簡単。

中華

トマトの中華風サラダ

オイスターソースが、冷えたトマトと好相性

① トマト1個はひと口大に切り、よく冷やす。

② ごま油、しょう油、オイスターソース、酢各小さじ1でトマトを和える。

③ こしょうをふってできあがり。

トマトは食べる直前までよく冷やしておこう
こしょうが味のアクセントに

アレンジ

水でもどして使うワカメや海藻ミックスをしき、その上にトマトを並べるとグッと豪華な盛りつけになる。

もう ひと手間!

トマトは皮をむくと食感がよくなる。十字に切り込みを入れ、湯にくぐらせると簡単にむける。長ネギのみじん切りやニンニクのすりおろしを入れると、風味豊か。

和風

インゲンのピーナッツ和え

ついつい手が伸びるピーナッツバターを使ったコクのある味

① インゲンは3センチの長さに切る。

② 熱湯で固めにゆでて、冷ましておく。

③ ピーナッツバター、しょう油、砂糖各大さじ1を混ぜて、インゲンを和える。

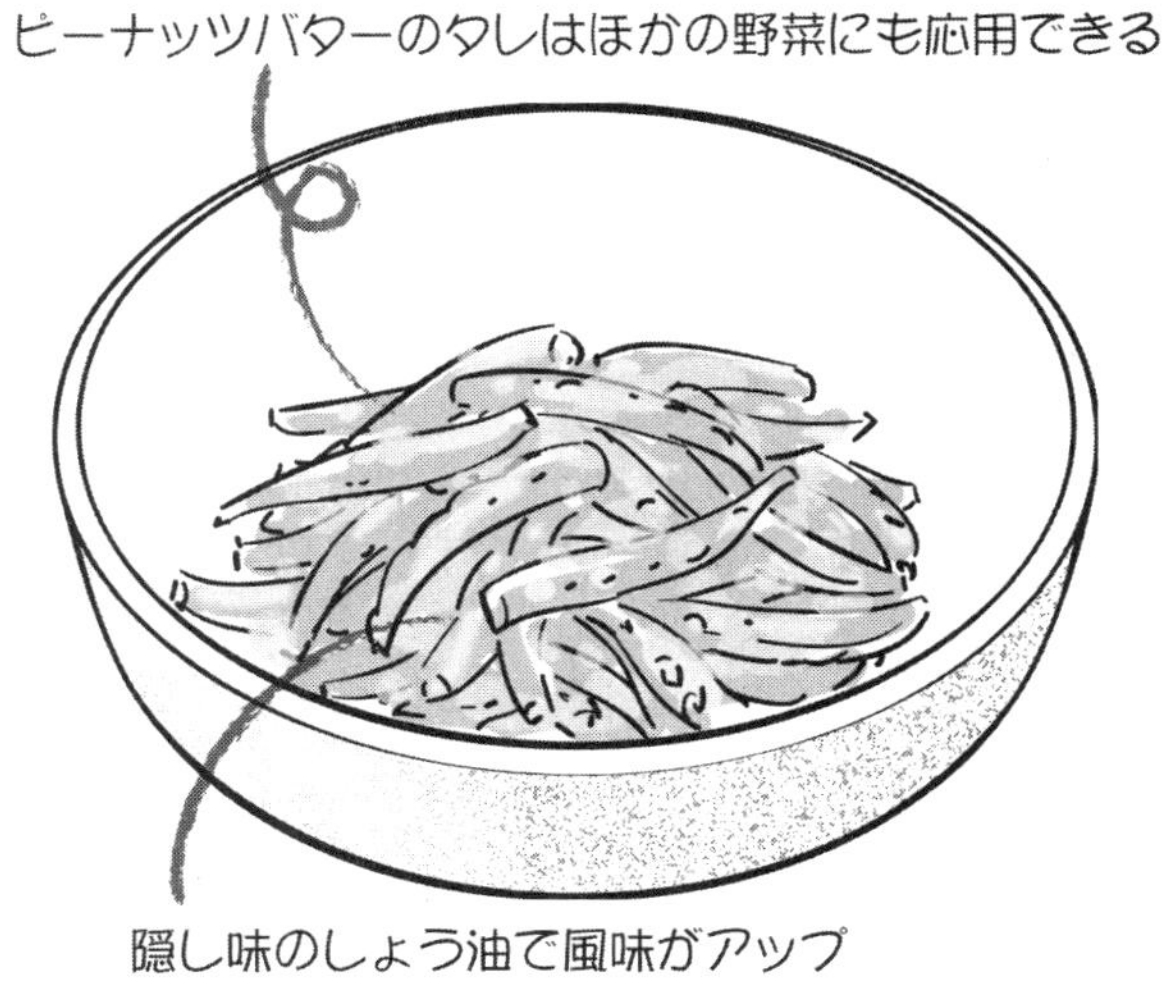
ピーナッツバターのタレはほかの野菜にも応用できる
隠し味のしょう油で風味がアップ

アレンジ

ピーナッツバターを使ったタレは、ゆでたホウレンソウやコマツナにもよく合う。粒入りを使うと、より風味がアップ。

もう ひと手間!

蒸し鶏を加えて和えるとおいしい。鶏ささみ1本を耐熱皿に入れ、酒小さじ1、塩少々をふってラップをかけ、電子レンジで2分加熱すると蒸し鶏ができあがる。

アジア

牛肉のタイ風サラダ

ナンプラーと香菜を使ってあっという間に本格的なタイ風つまみ

① 焼肉用に味つけされた牛肉100グラムをフライパンで焼く。

② タマネギ1/2個は薄切り、トマト1個は粗く刻む。

③ ①と②を混ぜ、香菜とナンプラー大さじ1、ライムの絞り汁で和える。

香菜のクセのある香りがたまらない
味つけされた肉を使うから簡単

アレンジ

野菜はハクサイやキャベツなどを使ってもOK。香菜の代わりにバジルやミントもよく合う。

もう ひと手間!

ニンニク、唐辛子のみじん切りを加えると香りと辛味がプラスされる。香菜（パクチー）は好みによって量を調節する。

アジア

ニンジンのソムタム

青パパイヤで作る辛いサラダをニンジンでお手軽に

①ニンジン1本は細切りにする。

②ナンプラー、ライムの絞り汁、砂糖各大さじ1、ニンニク、唐辛子のみじん切り各少々を混ぜる。

③②にニンジンを入れ、よく混ぜる。

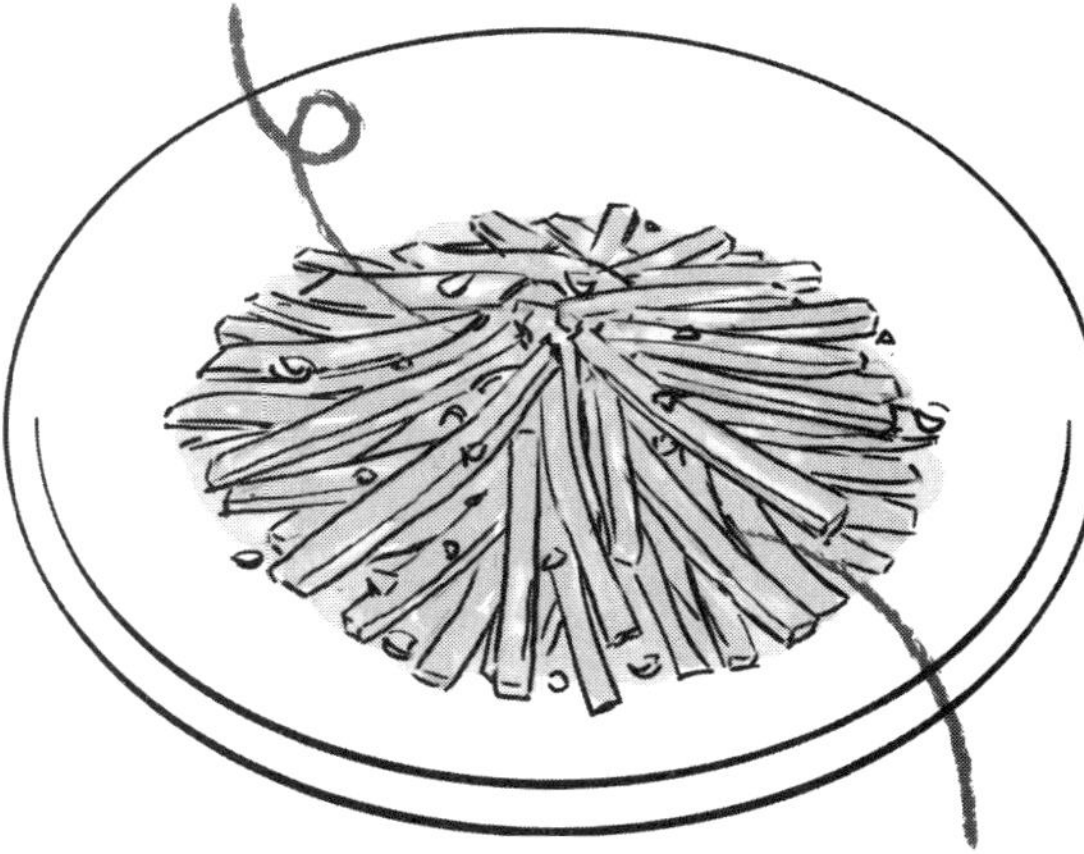
ナンプラーがエスニックな味に
酸っぱ辛い味が口の中に広がる

アレンジ

砕いたピーナッツや炒った桜エビを混ぜると、味や歯ごたえにも変化が出てさらにおいしくなる。

もうひと手間!

ソムタムはせん切りにした青パパイヤをスパイシーなソースで和えたタイではポピュラーなサラダ。市販の薄くて丸いエビせんべいにのせて食べてもおいしい。

洋風

コールスローサラダ

ナンプラーを加えた一風変わったサラダ

①キャベツ2枚、キュウリ1/2本、ニンジン少々をせん切りにする。

②マヨネーズ大さじ3、ナンプラー小さじ1、すりおろしたニンニク少々を混ぜる。

③②をせん切りにした野菜にかけて和える。

すりおろしニンニクが香りを豊かに

アレンジ

マヨネーズ3、みそ1の割合で混ぜたみそマヨネーズで和えれば、和風コールスローに。

もう ひと手間!

ハムの細切り、コーンの缶詰を加えれば、もっと本格的なコールスローサラダに。冷蔵庫の残り野菜を利用してオリジナルを作ってみて。

材料別インデックス

肉

牛こま切れ肉

サテ 78

肉ジャガ 130

ビーフストロガノフ 196

牛ステーキ肉

牛たたき 64

牛ひき肉

エスニックオムレツ 208

コンビーフ

コンビーフのサラダ 222

ソーセージ

ジャーマンポテト 118

ソーセージのトマト煮 200

手羽先

手羽先ナンプラー 76

鶏ささみ肉

ささみのわさび焼き 62

蒸し鶏サラダ 230

鶏ひき肉

簡単つくね　60

鶏もも肉

焼き鳥　58

鶏ネギ甘辛炒め　94

豚こま切れ肉

サテ　78

豚肉のザーサイ蒸し　202

豚バラ肉

豚バラ肉のセロリ巻き焼き　74

豚肉の高菜炒め　90

豚肉のキムチ炒め　92

ナスのみそ炒め　96

ハム

卵サラダ　226

ベーコン

ゴーヤーチャンプルー　88

トマトベーコン　168

ベーコンとダイコンの洋風煮　198

焼肉用牛肉

牛肉のタイ風サラダ　236

焼き豚

ネギチャーシュー　22

魚介類

アサリ

アサリの酒蒸し　184

チヂミ　206

甘エビ

エビのパン粉焼き　72

甘塩鮭

鮭マヨ焼き　70

イカ

五色納豆　146

ウニ（ビン入り）

ウニ卵　186

エビ（殻つき）

エビ春巻き　162

キンメダイ

キンメの煮つけ　188

魚切り身

アクアパッツァ風　194

刺身

カルパッチョ　48

サバ

サバのみそ煮　192

サバのココナッツミルク煮　210

シシャモ

シシャモの南蛮漬け　160

しめサバ
しめサバとキュウリの和え物　50
白身魚
白身魚のコチュジャン和え　54
タコ
タコぽん　38
タコわさび　40
タコキムチ　52
タコの唐揚げ　82
タコのサラダ　228
タラコ
タラモサラダ　126
ちりめんじゃこ
ピーマンじゃこ　154
ブリ
ブリの照り焼き　190
マグロ
マグロの薬味和え　42
マグロのタルタル　44
アボカドとマグロの和え物　46
五色納豆　146
むきエビ
エビマヨ炒め　98
エビのトウチジャン炒め　100

明太子

セロリの明太子和え　30

チーズディップ　128

野菜

アスパラガス

焼きアスパラのガドガド風　176

アボカド

アボカドとマグロの和え物　46

インゲン

インゲンのピーナッツ和え　234

エノキダケ

エノキダケの煮びたし　158

エリンギ

エリンギとアンチョビのソテー　102

カブ

カブの辛子漬け　32

カボチャ

カボチャのサラダ　220

キャベツ

キャベツのもみ漬け　28

コールスローサラダ　240

キュウリ

たたきキュウリの中華風　20

キュウリのゆかり漬け　26

タコぽん　38

しめサバとキュウリの和え物　50
ラタトゥイユ　178
コンビーフのサラダ　222
蒸し鶏サラダ　230
コールスローサラダ　240

クレソン

クレソンナムル　174

ゴーヤー

ゴーヤーのおひたし　34
ゴーヤーチャンプルー　88

ゴボウ

ゴボウのみそ漬け　166
ゴボウサラダ　218

シメジ

きのこのバターソテー　104

ジャガイモ

ジャガイモのチーズ焼き　116
ジャーマンポテト　118
タラモサラダ　126
肉ジャガ　130

セロリ

セロリの明太子和え　30
豚バラ肉のセロリ巻き焼き　74

そら豆

焼きそら豆　66

ダイコン

ベーコンとダイコンの洋風煮　198
しんなりダイコンサラダ　214

タマネギ

タマネギのケチャップ炒め　108
肉ジャガ　130
ラタトゥイユ　178
ビーフストロガノフ　196
コンビーフのサラダ　222
卵サラダ　226
牛肉のタイ風サラダ　236

トマト

トマト炒め　106
トマトベーコン　168
ラタトゥイユ　178
アクアパッツァ風　194
トマトチーズサラダ　216
トマトの中華風サラダ　232
牛肉のタイ風サラダ　236

長ネギ

ネギチャーシュー　22
焼き鳥　58
鶏ネギ甘辛炒め　94
焼きネギ酢みそ　156

長イモ

たたきトロロの梅肉和え　18

ナス
ナスのみそ炒め　96
ナスのマリネ　170
ナスの薬味酢　172
ラタトゥイユ　178

ニラ
ニラ玉　204
チヂミ　206

ニンジン
ニンジンのソムタム　238
コールスローサラダ　240

ニンニク
ガーリックトースト　180

ハクサイ
ハクサイの塩こぶ和え　24

ピーマン
ピーマンじゃこ　154

ミツバ
焼き油揚げの和え物　152

モヤシ
タクアンとモヤシのごま炒め　110

レンコン
レンコンチップス　86
レンコンのきんぴら　164

卵・豆腐・納豆

卵

ゴーヤーチャンプルー　88
納豆卵焼き　144
ウニ卵　186
ニラ玉　204
チヂミ　206
エスニックオムレツ　208
卵サラダ　226

豆腐

豆富の照り焼き　134
豆富のみそ漬け　136
豆富のトマトソース煮　138
薬味いっぱいの冷奴　140
ピータン豆富　142

納豆

納豆卵焼き　144
五色納豆　146
納豆いなり　148

ピータン

ピータン豆富　142

チーズ

カマンベールチーズ

カマンベールのフライ　114

チーズフォンデュ 120

クリームチーズ

チーズディップ 128

溶けるチーズ

もちチーズ焼き 122

ピザ用チーズ

ジャガイモのチーズ焼き 116

春巻きの皮のピザ 124

モッツァレラチーズ

トマトチーズサラダ 216

加工食品

厚揚げ

厚揚げマヨ焼き 68

油揚げ

納豆いなり 148

焼き油揚げの和え物 152

アンチョビ

エリンギとアンチョビのソテー 102

切りもち

もちチーズ焼き 122

キムチ

タコキムチ 52

豚肉のキムチ炒め　92

ココナッツミルク

サバのココナッツミルク煮　210

ザーサイ

鮭マヨ焼き　70

豚肉のザーサイ蒸し　202

即席みそ汁

サバのみそ煮　192

高菜

豚肉の高菜炒め　90

タクアン

タクアンとモヤシのごま炒め　110

五色納豆　146

ちくわ

ちくわの磯辺揚げ　84

ゴボウサラダ　218

ツナ缶

ツナサラダ　224

トマトジュース

ソーセージのトマト煮　200

トマトソース

豆富のトマトソース煮　138

バゲット

ガーリックトースト　180

春巻きの皮

春巻きの皮のピザ　124

エビ春巻き　162

ピクルス

卵サラダ　226

ピーナッツバター

インゲンのピーナッツ和え　234

フランスパン

チーズフォンデュ　120

わさび漬け

タコわさび　40

料理用語インデックス

アサリの砂出し　185
アボカドの種の取り方　47
炒め揚げ　83
エビの殻むき　163
カボチャの下ごしらえ　221
キュウリの割りほぐし　21
切りもちの切り方　123
くし形切り　109
ゴーヤーのわた取り　35
小口切り　43
ゴボウの皮むき　167
こま切れ肉の串刺し　79
ジャガイモの下ごしらえ　117

そぎ切り　95
そら豆の焼き方　67
トウチジャン　101
豆腐の水きり　135
トマトソース　139
鶏ささみ肉の伸ばし　63
長イモのぬめり取り　19
ぶつ切り　39
細切り　215
むきエビの背わた取り　99
明太子の薄皮取り　31
焼き鳥の串刺し　59
ゆで卵　227

青春文庫

3行《ぎょう》レシピでつくる 居酒屋《いざかや》おつまみ

2005年11月20日　第1刷
2006年12月10日　第3刷

著　者　検《けん》見《み》﨑《ざき》聡《さと》美《み》

発行者　小澤源太郎

責任編集　株式会社プライム涌光

発行所　株式会社青春出版社

〒162-0056　東京都新宿区若松町12-1
電話 03-3203-2850（編集部）
03-3207-1916（営業部）
振替番号　00190-7-98602

印刷／堀内印刷
製本／豊友社

ISBN 4-413-09328-3